中公新書 2734

恒川惠市著

新興国は世界を変えるか

29ヵ国の経済・民主化・軍事行動

中央公論新社刊

はじめに

本書は、新興国の登場と成長、そして、それが世界にとって持つ意味を、正面からとりあげて分析する。

新興国は、1980年前後に、国際機関や国際投資家が「新興工業国」や「新興市場国」の名で呼び始めた国々である。これらの国々は、発展途上国の中でも、急速な工業化や豊富な天然資源の輸出によって、特に顕著な成長を遂げつつあるか、そうなる可能性が高かったので、国際金融界が「新興市場」として投資を推奨したのだった。最初は、ブラジル、メキシコ、アルゼンチン、チリといったラテンアメリカ諸国と、韓国、台湾、ASEAN諸国、中東産油国などが中心だったが、1990年代以降中国、インド、そしてソ連邦崩壊後のロシアが加わった。

新興市場に対する評価は、1997〜98年にアジア通貨・経済危機が発生し、それがラテンアメリカやロシアに波及するに至って、一時低下する。しかし、これらの国の経済が急速に回復し、21世紀に入って再度高成長の軌道に乗ったことで、注目度が再び上がった。当初は新興市場国の経済危機に対処するために招集されたG20の中で、新興市場国（特に国際投資家がBRICsと名付けたブラジル、ロシア、インド、中国）の役割は次第に拡大していった。その重要性は、2008年のリーマン・ブラザーズ社破綻と2010年のユーロ圏危機によって先進国経済が大不況に陥った時に、決定的になった。今や世界経済立て直しの牽引役になることを期待される存在として浮上したのである。

BRICs諸国（2011年以降は南アフリカを加えてBRICS）は、2009年のG20会議以降、投資対象として外から与えられた名前を、自らの呼称として採用して、積極的な活動を開始した。その範囲は、国際金融機関の改革や技術協力など経済が中心だが、水、食糧、環境、教育などの分野に広がってきている。そこで本書では、経済だけでなく様々な分野に主体的に関わろうとしているという意味で、「新興国」という呼称を使うことにしたい。「新興市場」ではなく「新興国」を論じるもう一つの理由は、これら諸国が、ここ10年ほどの間に軍事的な安全保障分野での活動を強めてきていることである。発展途上国の中で特に経済発展が顕著だったことは、新興国の軍事力の増強と、それに基づく軍事行動の活発化を可能にしてきた。

中国は東シナ海、南シナ海からインド洋にかけて海洋進出を進める一方、香港の民主化運動を武力で弾圧し、台湾に対する軍事的脅迫を強めている。ロシアも2014年にウクライナの領土であったクリミアを武力で併合したばかりか、2022年2月にウクライナ全土への軍事侵攻を始めた。新興国の軍事的活動の拡大は、中露に限らない。トルコは自国の安全保障を口実に、シリア北部国境地帯を軍事占領し、さらにイラン、サウジアラビア、エジプトと並んで、周辺地域での「代理戦争」に介入している。インドとパキスタンの軍事対立は今に始まったことではないが、相変わらず一触即発の対峙が続いている。

新興国は、ロシアのウクライナ侵攻に関しても、あいまいな態度に終始している。2022年3月2日の国連総会でロシア非難決議が採択された時、本書が新興国と考える29ヵ国・地域（そのうちロシアと国連加盟国ではない台湾は除く27ヵ国）のうち、10ヵ国が賛成ではなく棄権にまわった。その中には、新興国の中で最も経済成長率が高い中国、インド、ベトナムが入っている。経済制裁への参加にはもっと消極的で、ロシア自身が「非友好的な国と地域」として発表している制裁実施国に入っている新興国は、韓国、台湾、ポーランド、シンガポールの4ヵ国・地域だけである。

ロシアと中国による攻撃的な対外行動は、主権・領土の保全と紛争の平和的解決という、第二次世界大戦後の世界秩序の原理を揺るがす行為なのだが、新興国のあいまいな態度は、中露による世界秩序への挑戦に手を貸すことになりかねない。

このような新興国の政策の基には、中露がもたらす経済的機会（資本、技術、資源、市場）

を確保しておきたいという動機がある。それは、将来も経済成長を続けたいという新興国の強い願望に裏打ちされている。

実は新興国には、継続的な経済成長が約束されているわけではなく、「中所得国の罠」と呼ばれる長期の経済停滞に陥る危険性が常に存在する。一度は先進国並みの高所得国になった新興国でも、アルゼンチンのように中所得国に逆戻りするケースすらある。経済発展が著しい新興国といえども、経済成長をいかに継続するかは、重要な課題なのである。

他方、新興国では1980年代から90年代にかけて政治の民主化が進んだ結果、経済危機や不景気にあたって、国民の生活や福祉を支える政策を拡充するよう求める社会的圧力が強まった。社会福祉国家を整備し、恩恵を全国民に広げることが、新たな課題として加わったのである。

しかし、経済成長にせよ社会福祉国家の建設にせよ、国家の指導者が上から一方的に指導して成功するような事業ではない。経済成長のための技術力向上には、政府・大企業・中小企業・労働者の参加と協力が不可欠だし、社会福祉国家建設の財源を確保するためにも、税金や保険料を負担する人々と福祉受給者との間で、利害を調整する必要がある。経済成長と社会福祉の間でも、政府をはさんだ財政調整が必須だ。

そうした社会の成員間の利害調整は、通常政治によって行われる。そこで、民主主義や権威主義の名で呼ばれる政治体制の違いや、同じ政治体制でも政党システムや官僚制の違いが、利害調整の成否にどのような影響を及ぼすのかという点が、重要な問題として浮かび上がる。

このように、今日新興国が世界秩序につきつけている問題は、新興国国内の経済・社会・政治の動向と密接に関連している。新興国を総体として理解することが枢要な課題になっているのである。

そこで本書では、まず序章で確固とした基準を示し、29の「新興国」を特定する。その上で第1章では経済発展について、第2章では社会福祉国家の形成について、これまでの経緯を明らかにし、今日新興国が直面する課題が何かを分析する。

第3章と第4章は、利害調整が行われる場である政治体制と体制変動に焦点をあてる。1980年代以降、新興国全体としては、権威主義体制から民主主義的要素の多い体制への転換が進んだが、21世紀になって民主化のペースが鈍化し、2010年代には再権威主義体制化が顕著に見られるようになった。こうした動向の分析を、第3章では新興国全体の特徴に焦点をあてて、第4章では個々の国や地域の実態に即して行う。

第5章は、第1章〜第4章の議論を総合して、新興国において経済発展と社会福祉拡充を可能にする政治的条件が何かを論じる重要な章である。まず政治体制の違いが持つ意味を分析し、次いで、同じ政治体制の中で、異なった政治制度や官僚制が経済的・社会的発展に及ぼす影響に触れる。

第6章と第7章は、焦点を新興国の対外関係に移して、新興国の行動が世界経済や安全保障環境に及ぼしつつあるインパクトを論じる。先進国が中心となって維持してきた「自由主義的国際主義」の世界秩序に対して、中露は「国家主義的自国主義」とでも呼ぶべき新しい秩序原理を提示するに至っている。二つの世界秩序の間にはグレーゾーンがあり、他の新興国指導者は、そのあいまいさを利用して最大限の経済的・政治的利益を得ようとしている。

第二次世界大戦後の日本は、「自由主義的国際主義」秩序の申し子のような存在であった。その秩序が揺らいでいる今日、日本は世界の中でどう振舞うべきか、特に世界での重要性を増している新興国の動きに、どう対処すべきか、それが終章のテーマである。

目次

はじめに　i

序章　新興国とは何か……………………1

新興工業国と新興市場国　客体から主体へ　29ヵ国を特定する　歴史上の前例

第1章　経済発展をどう説明するか……………11

1　発展途上国から新興国へ　11

従属論と近代化論の論争　開発国家論　開発国家懐疑論　開発国家論の再構成

2　世界経済との結合　20

グローバル化への参加　新興国の三類型　何が発展の原動力だったか

3 新興国から先進国へ 29
中所得国の罠　罠を回避する道　R&D支出と技術人材
4 産業のアップグレードを求めて 36
天然資源加工業の可能性　ビジネス支援サービス業の可能性　技術力向上に向けた利害の調整　労働者の参加
第2章 福祉国家形成の試練……45
1 所得階層で見た社会構造の変化 46
中間所得層の上昇　所得格差の縮小
2 社会福祉の拡充 49
社会福祉の漸進的拡大　政府の社会福祉支出を比較する　公的社会福祉の水準を決める要因
3 歴史の遺産 54
ラテンアメリカのポプリスモ　年金民営化の限界　旧共産主義国　中東・北アフリカ諸国　アジアの「開発主義

的」福祉体制　1997～98年経済危機以後のアジア

4　社会福祉国家への困難な道のり　70

社会的連帯の「範囲」と「程度」　社会福祉国家形成に向けた利害調整

第3章　民主化のゆくえ……………………………………75

1　民主主義体制と権威主義体制　75

民主化の進展と後退　民主主義体制とは何か　特殊な体制としての民主主義

2　指標に見る政治体制の変動　80

フリーダムハウス指標とポリティ2指標　政治体制変動の6類型

3　政治体制の持続や変動はなぜ起こるか　88

体制変動の「需要」要因　体制変動の「供給」要因　正統性の源泉　法の支配

4　人々の政治体制観　97
民主化の限界　世界価値観調査は何を示すか　デフォルトとしての民主主義　権威主義体制は安定するか

第4章　政治体制変動の実態……105

1　ラテンアメリカ諸国　106
累積債務危機のインパクト　ヌンカ・マス

2　東アジア諸国　108
1997〜98年危機以前　1997〜98年危機以後

3　旧共産主義国　112
ポーランドとロシア・カザフスタンの分岐　中国とベトナムの共産党独裁の継続

4　中東・北アフリカ諸国　115
民主化の挫折　エルドアン以前と以後のトルコ　他の中東・北アフリカ諸国

5　インドと南アフリカ　124
インド民主主義の謎　インド人民党政権　「多数派による専制」の懸念ある南アフリカ　統制力の弱い国家と政党

第5章　経済的・社会的発展の政治的条件は何か……133
1　政治体制は経済パフォーマンスに影響するか　134
政治体制の特徴と持続性　経済成長へのインパクト
2　議会と政党システムの影響　139
拒否権プレーヤーと政策の有効性　異なる政治制度のインパクト
3　官僚制は違いをもたらすか　144
行政の有効性　経済パフォーマンスへのインパクト
4　社会福祉拡充を左右する要因　147
政治体制と政治制度のインパクト　官僚制のインパクト　地域固有のパターン

第6章　国際関係への関与と挑戦……………153

1　世界秩序の特徴　153
世界秩序とは何か？　限定された自由主義的国際主義

2　G20登場の意味　157
G20の登場と発展　世界金融危機への対応　IMF・世界銀行改革

3　BRICSの躍進と限界　162
BRICsからBRICSへ　新開発銀行と緊急時外貨準備基金の創設　BRICSの失速

4　一帯一路という怪物　166
二つのシルクロードとAIIB　ハンバントタ港事案　真珠の首飾り　チャイナマネーの誘惑

5　上海協力機構はどこへ向う　173
陸上国境の画定　常設機関の設立　合同軍事演習　現

代版『神聖同盟』

第7章　新興国は世界を変えるか……179

1　ロシアの軍事行動　180

「強いロシア」の再建　近隣国への軍事侵攻　シリア内戦への軍事介入　世界秩序原則への挑戦

2　中国の軍事行動　184

中国の軍事力　南シナ海と東シナ海での行動　反故にされた「一国二制度」　台湾への脅迫

3　他の新興国の軍事行動　190

ブラジルと南アフリカの場合　インドの場合　中東・北アフリカ諸国の場合

4　新しい世界秩序構想？　195

「自由主義的国際主義」からの逸脱　ナショナリズムの扇動　「国家主義的自国主義」という世界秩序　中露同盟

5　変わる世界の形　204
二つの世界秩序　インド・ブラジル・南アフリカの立ち位置　東南アジア諸国の立ち位置　中東・北アフリカ諸国の立ち位置

終　章　日本は新しい世界とどう向き合うか……………213
新興国の経済的重要性　国家主義的自国主義への対応　日本の選択肢　国内の意見・利害の調整　日本世論の現実　何が必要か

あとがき　229
参考文献　242
付　表　243

序章　新興国とは何か

新興工業国と新興市場国

「新興国」という言葉が頻繁に使われるようになったのは、比較的最近のことである。1970年代まで、経済的に「先進国」ではない国や地域は、「南」の国々、「発展途上国」、「低開発国」などの名で呼ばれるのが普通だった。「南」というのは、これら国・地域のほとんどが、欧米先進国よりも地理的に南にあったからであり、両者の経済格差とそれに由来する諸問題は「南北問題」と呼ばれた。

「低開発国」という呼称は、経済発展度が低い事実を指すだけでなく、世界経済の中で、農畜産品や鉱物資源の生産・輸出に特化させられているがゆえに、先進国との格差は構造的に縮まらないという含意があった。マルクス主義の影響を受けた「従属論」が、その代表的な主張であった。それに対して、先進国と低開発国の格差は固定化されているわけではなく、低開発国も経済発展が可能だとする「近代化論」者は、南の国々を「発展途上」という概念でとらえようとした。

従属論と近代化論の論争は、1960年代から70年代にかけて活発に行われた。しかし1973年の第一次石油危機以後、天然資源の国際価格が高騰し、天然資源輸出国の国際的発言力が増大する一方、欧米諸国が不況やインフレに苦しむようになったことで、従属論の悲観論は後退していった。

しかし、発展途上国の中で脚光を浴びるようになるのは、実は資源輸出国ではなく、製造業品の輸出国であった。これらの国々は、産油国が稼いだ大量の石油マネーを、国際金融界を通して借り入れることで工業化を推進し、それによって先進国へのキャッチアップを進めた国々である。OECDは1979年の報告書で、それらの国々を「新興工業国（NICs）」と名付けた。

具体的には、ギリシア、ポルトガル、スペイン、ユーゴスラビア、ブラジル、メキシコ、香港、韓国、シンガポール、台湾の10ヵ国・地域（以後「国・地域」は短縮して「国」と表記する）である。これらが世界の製造業生産額に占める比率は、１９６３年と１９７６年の間に、５・４％から８・９％に増えた。製造業品輸出額に占める比率も２・６％から７・１％に増えた。輸出比の増加率の方が生産比の増加率よりもずっと大きかったことから、これらの国の多くは、輸出を梃子にして製造業を発展させたと見てよいだろう。

同じ時期に先進工業国７ヵ国（米国、英国、カナダ、フランス、ドイツ、イタリア、日本）は、世界の製造業生産と輸出に占める比率を、それぞれ74・6％から70・5％、64・2％から63・5％に下げているので、新興工業国がキャッチアップによって相対的な地位を上昇させたことは明らかである。

しかし、ＯＥＣＤが新興工業国に注目してから、わずか2年後に、世界銀行グループのアントワーヌ・ファン・アットマール（Antoine van Agtmael）が「新興市場」という概念を提起した。これは株式投資先として有望な国という意味で使われた言葉である。国際的な投資会社の一つＭＳＣＩが１９８８年に初めて「新興市場指数」を発表した時には、アルゼンチン、ブラジル、チリ、メキシコ、ポルトガル、ギリシア、ヨルダン、マレーシア、フィリピン、タイの10ヵ国をカバーしていた。ブラジル、メキシコ、ポルトガルの3国は新興工業国と共通するが、アジアの新興工業国である4ヵ国は含まれておらず、その代わり工業化という点では出遅れていたマレーシア、フィリピン、タイが含まれている。

その後MSCI社は、新興市場指数に含める国や地域の数を増やし、2016年には韓国・台湾を含む23ヵ国とした。この中には、中国やインドのような、1988年には有望な株式市場とは見られていなかった国も含まれるようになった。さらにカタールやアラブ首長国連邦（UAE）のような産油国も含まれているので、「新興市場国」とは、工業化の程度やスピードに限らず、成長見込みが高くて、投資家に株式投資を薦めるのにふさわしい国という意味が強い。

客体から主体へ

その後1997年にアジア通貨・経済危機が発生した。この危機は、金融のグローバル化がもたらすリスクを、改めて多くの国々に意識させるようになり、その結果、1999年から、それまでのG7財務大臣・中央銀行総裁会議を、20ヵ国・地域に拡大して開催することになった。G20と呼ばれるフォーラムに新たに加わった国々の多くは、新興市場国として扱われていた国々である。

中でも特に注目されたのは、ブラジル、ロシア、インド、中国の4ヵ国だった。この4ヵ国の頭文字をとったBRICsは、名前のゴロの良さも手伝って、急速に注目を浴びるようになった。BRICsの命名が、ゴールドマン・サックス社のジム・オニール（Jim O'Neill）

によってなされたことに示されているように、このグループ化は「新興市場国」の時と同じく、有望投資先という意味を含んでいた。しかしオニールの新規性は、新たなグループ化を、「世界の金融・通貨体制への影響」という観点で行ったことだった。すなわち、それまで政策協調によって世界の金融・通貨秩序を支えてきたG7の力が衰えてきたため、今後の秩序運営には、成長著しく、かつ世界経済に占める比率も大きい上記4ヵ国の代表を加えるべきだというのである。

興味深いのは、先進国金融界のアナリストが勝手にグループ化した国々が、先進国の危機をきっかけに、自律的な動きを見せ始めたことである。BRICs4ヵ国は、先進工業国が2008年のリーマン・ショックでマヒ状態に陥るのを尻目に、2009年6月に初めての首脳会議を開催して、世界的な危機への対応を話し合った。この首脳会議は毎年開かれることになり、2011年には南アフリカ共和国を加えて、自らBRICS（SはSouth Africaの頭文字）と名を変えた。

さらに2014年の首脳会議では、資本金500億ドルの新開発銀行と、1000億ドルの外貨準備基金を設立する協定に署名した。先進国側から有望投資先として定義される受け身の存在だった国々が、今や世界の経済秩序に影響を与えようとする主体として前面に出てきたのである。

こうした経緯を踏まえ、本書では、先進国よりも早いスピードで経済成長を遂げ、世界経済の動向に無視できない影響力を持つようになった国々を「新興国」と呼ぶことにしよう。

29ヵ国を特定する

経済成長の早さにせよ、世界経済に占める重要性にせよ、どのような基準を選ぶかによって新興国の範囲は限定される。それは恣意的な選択にならざるを得ない。しかし、とりあえず有力な新興国を特定しなければ、新興国化の要因や、次の段階への発展の道筋を議論することができないので、本書では、以下のような基準で新興国を特定することにしたい。

まず新興国が注目されるのは、かつては「低開発国」や「発展途上国」の名前で総称されていたにもかかわらず、急速な経済成長によって先進国にキャッチアップする国々が登場してきたことにあるため、第一の基準は経済成長率の高さであろう。

そこで、まず1980年代には「発展途上国」だった国を特定するために、シンガポールを基準国として選ぶ。シンガポールは、発展途上国の中で最先端を進んで、80年代に高所得国の仲間入りを果たした国である。そこで、シンガポールの1990年時点での一人当たりGDPよりも所得の低かった国を「発展途上国」と考える。その中で、1990～2015年の経済成長率が米国の成長率（85・6％）よりも高かった国を選ぶと、データがそろっている169ヵ国中109にのぼる。

しかし、「新興国」と呼ばれるためには、経済成長率が高いだけでなく、世界経済に占める重要性も高いという条件をクリアする必要がある。そこで、シンガポールを加えた110ヵ国の中で、2015年段階のGDPの大きさが、米国の1%以上だった国を選ぶと、26ヵ国が残る。この中にはロシアを除いてG20参加国のすべてが含まれている。

ロシアについては、1990〜2015年のGDP成長率が著しく低かった（米国の5分の1）ために、第一の基準をクリアできなかった。しかし、これはソビエト連邦の分解による経済の一時的崩壊によって生じた現象である。2002年以降であればロシアのGDP成長率は59%で、米国の29%よりずっと高かったし、ロシアの2015年段階の経済規模は米国の9・9%で、これは、世界では11番目、先進国を除けば4番目の大きさである。つまり、ロシアは除外するには大きすぎるため、現代の新興国について議論する際には、ロシアも含めて考えるのがよいだろう。

他方バングラデシュとベトナムは、経済成長率はきわめて高いが、経済の大きさが2015年には米国の0・9%で、わずかに1%に届かなかった。しかし両国とも2017年には1%を超えて、なお成長を続けているので、本書では、この両国も新興国として扱いたい。

以上の手続きによって特定された新興国が、表1の29ヵ国である。世界銀行の基準によれ

表1　新興国の地域別・所得別分類

	高所得国	上位中所得国	下位中所得国
アジア	シンガポール **韓国** 台湾	マレーシア **中国** タイ	**インドネシア** フィリピン **インド** パキスタン バングラデシュ ベトナム
ラテンアメリカ	**アルゼンチン** チリ	**ブラジル** **メキシコ** コロンビア ペルー	
旧ソ連・東欧	ポーランド	カザフスタン **ロシア**	
中東・北アフリカ	**サウジアラビア**	**トルコ** イラン イラク アルジェリア	エジプト
サハラ以南アフリカ		**南アフリカ**	ナイジェリア

注：太字はG20メンバー国、付表1を元に作成

ば、このうち7ヵ国が2015年段階で高所得国に、14ヵ国が上位中所得国、8ヵ国が下位中所得国に分類される。地域的には、アジア（東アジアと南アジア）が一番多くて12ヵ国、ラテンアメリカと中東・北アフリカが、それぞれ6ヵ国ずつで続く。旧ソ連・東欧圏が3ヵ国で、サハラ以南アフリカは南アフリカとナイジェリアだけに限られている。

なお、新興国を特定する節目の年を2015年に設定したのは、バングラデシュやベトナムのように高成長を続ける国がある一方で、天然資源の国際価格の低下や中国経済の減速の影響を受けて、2010年代後半には経済的

に失速する国々が出たからである。その反面米国の景気は持ち直したので、2016年以降のGDP値を使って計算すると、南アフリカやブラジルのような重要国が新興国の範疇から漏れ落ちてしまう。「新興国」現象が耳目を集めたのは、2008年の世界経済危機から2010年代の半ばにかけてなので、新興国の特定は、この時期に焦点をあてて行うのがよいだろう。

歴史上の前例

一部の国のキャッチアップのスピードが速く、その結果世界経済に占める比重が大きくなる現象は、現代だけのものではない。19世紀から20世紀にかけての主要国の経済規模（GDP）を、当時は世界最強の経済力を誇った英国と比較してみると、既に19世紀末までに米国の経済規模は英国を凌駕した。さらにドイツ、イタリア、日本の経済も、時期は異なるが、やはり英国へのキャッチアップを経験した。

しかし、おしなべてそのスピードは緩やかだったと言えるだろう。それは現代の新興国と比べてみるとはっきりする。例えばドイツの経済規模は、1880年からの30年間に英国との相対的な大きさを1・4倍に拡大した。日本の対英GDP比も1910年からの30年間に2倍になった。それと比べて、米国のGDPに対するシンガポールと韓国のGDPの比率は、

1970年からの30年間に、それぞれ3・8倍と17・5倍になった。インドと中国は、1990年からの25年間に、14・3倍と53倍になった。

アジア外の新興国の成長率は、それほど高くはなかったが、それでも、例えばメキシコとブラジルのGDPの対米比率は、1960年からの20年間に7・9倍と15・5倍になった。歴史上の新興国と比べて、現代の新興国はキャッチアップのスピードが速いところに特徴がある。

ただし、第二次世界大戦以前の新興国は、経済の大きさ（GDP）が英国の50％前後（米国経済と比べても20％前後）と高かったが、21世紀の新興国は、最も大きい中国が米国の53％である以外は、どの国もまだ20％に満たない。ほぼ10％を超える国は、29ヵ国中4ヵ国（中国、ブラジル、インド、ロシア）にすぎない。経済的な面に限って言えば、第二次世界大戦前と比べて、世界の多極化はまだ限定的である。

第1章　経済発展をどう説明するか

新興国が注目されたのは、急速な経済発展によるものなので、「多数の発展途上国の中で、特定の国々が新興国に成長したのはなぜなのか」を問うところから始めるのが順当だろう。そして、「新興国がさらに先進国へと発展していく上での経済的課題は何か」が、次に問うべき問題となる。

1　発展途上国から新興国へ

従属論と近代化論の論争

発展途上国の開発可能性については、1950年代以降冷戦が激化する中で、学術上・政策上の論争が活発に行われた。それは、新たに独立しつつあった国々を自陣営に囲い込もうとする米ソの競争を背景としていた。

資本主義的な発展をよしとする近代化論者は、W・W・ロストウの「経済発展段階」説に代表される議論を展開した。この議論によれば、低開発段階から出発した発展途上国も、先進国からの技術や資本を取り入れることで、次第に経済を発展させ、やがて持続的な成長が可能な段階へと「離陸」できる。

資本主義の枠内での発展について楽観的な見方をする近代化論に対して、マルクス主義の影響を受けた論者たちは、悲観的な議論を展開した。例えば、従属論の元祖として扱われるアンドレ・グンダー・フランクは、「中枢」と「周縁」からなる世界経済の中で、発展途上国は常に中枢（先進資本主義国）に搾取されてきたがゆえに、持続的な成長はできない、成長が起こるのは戦争や経済危機によって先進国との経済的な紐帯が弱まった瞬間だけだと主張した。発展途上国が長期的に発展するためには、社会主義革命によって世界経済から離脱する必要があるというのである。

従属論者の中には、フランクほど極端な見解をとらない者もいた。例えば、1950年代に国連ラテンアメリカ経済委員会の事務局長を務めたプレビッシュは、発展途上国は交易条件の悪い天然資源の生産・輸出に特化させられてきたがゆえに、製造業品を生産・輸出する先進国と比べて、経済利益の配分で不利な立場に置かれていると見た。しかし、プレビッシュの解決策は、社会主義革命ではなく工業化であった。工業化によって通商上の不均衡を正すことができれば、発展途上国にも発展（キャッチアップ）の機会はある。プレビッシュの議論は、1950年代から60年代にかけてブラジルやメキシコで進んでいた輸入代替工業化という実態を反映したものであったし、そうした工業化をさらに促そうとするものでもあった。

ウォラーステインの世界システム論も、発展途上国の経済発展を世界経済の中での位置によって説明しようとする点で、上の二つの従属論と共通する。ただウォラーステインの見解は、発展途上国でも資本主義的な発展が可能と見る点ではプレビッシュの意見と共通するが、中枢・準周縁・周縁という世界の格差構造はなくならないとする点ではフランクに近い。

以上のような論争は、序章で触れたように、1970年代までに急速な工業化を進めることに成功した複数の新興工業国が登場したことで、一段落する。「世界経済の格差構造は解消可能か」はわからないが、発展途上国でも経済成長が可能であることは否定できなくなったのである。

開発国家論

新たな問題は、どのような発展途上国が新興工業国になれるのかという点だった。そこで登場するのが開発国家論であり、そのモデルになったのが日本だった。

ただ、第二次世界大戦後の日本を「発展途上国」として扱うことには無理がある。「歴史上の前例」の一つである日本の経済は、戦争前の段階で既に英国の6割、米国の2割の大きさを持つに至っていた。今日の多くの新興国よりずっと発展していたのである。しかし、おそらく欧米人にとって敗戦直後の困窮した日本の姿は、「発展途上国」そのものであったがゆえに、チャーマーズ・ジョンソンが提示した日本の経済発展の解釈、すなわち「開発国家」論が、発展途上国の開発モデルとして受け入れられたのだ。

このモデルでは、「市場合理性」に基づく米国経済、イデオロギー的な「統制経済」を持つソ連と対比して、日本の経済発展は「計画合理性」に基づいている。すなわち、国家が目標をたてる点ではソ連型と共通するが、民間企業の意向や意見にも配慮して、(長期的な)市場動向に合致する合理的な運営を行ったというのである。その結果日本では、国家の様々な支援策に支えられた民間企業が、自社の合理化を進めると同時に、国民経済全体として産業構造の高度化に貢献した。

ジョンソンの開発国家論は、出発点では不利な条件を抱えていても、国家が賢い経済運営をすれば高度成長をもたらすことができるというメッセージを世界に発するものだった。ジョンソン自身は、日本の経済官僚の行動様式や、彼らと民間企業との関係は、戦前から戦後にかけての日本特有の歴史的経験の中で意図せずに形成されたのであって、容易に他国に移植できるものではないと、明確に述べていたのだが、実際には多くの論者が、開発国家論の基本的な考え方を新興工業国の分析にも適用しようとした。

その典型例が、韓国の工業化を分析したアリス・アムスデンと台湾の工業化を分析したロバート・ウェイドである。両名とも、これらの国々の工業化が市場メカニズムに基づいて進んだという解釈を退け、産業高度化に果たした国家の役割を重視した。アムスデンの描く韓国の国家は、ジョンソンの描く日本の国家よりも、もっと直接的に経済介入を行うことで「価格を故意に歪める」国家であった。ロバート・ウェイドの描く台湾の国家は、韓国のそれほどではないまでも、「市場の統治」ができる国家であった。

開発国家懐疑論

しかし、開発国家論の含む「賢い国家」イメージは、間もなく様々な懐疑論にさらされることになる。まず日本の経験そのものについて、小宮隆太郎など日本の経済学者の一部は、産業政策はほとんど失敗だったと論じた。海外の経済学者の中にも、産業振興をめざした日本政府の金融・財政措置と産業パフォーマンスの分析に基づいて、政府の資金供与は高成長部門よりも低成長部門に偏る傾向があって、産業構造転換の役割を果たさなかったと論じる者が出た。

政治学者の中からも、ジョンソンの開発国家イメージに異議を唱える論者が出た。ただ経済学者とは違って、政治学者の特徴は、国家の役割を全否定するというよりは、それぞれの目的を持って行動する国家と企業との相互作用の中で、様々な結果がもたらされると見たところにある。つまり、結果は国家の目標に近い場合もあれば、遠い場合もありうる。

リチャード・サミュエルズの相互合意論が、この見解の典型である。サミュエルズによれば、日本の産業政策は、国家による一方的な指導ではなく、国家と企業の交渉と合意に基づいて形成・実施された。企業の交渉力が強い時は、国家側の意図が頓挫することも多々見られた。具体的に、通産省のエネルギー産業政策は、石炭産業・石油産業・電力産業のそれぞれで、過当競争のない産業構造を形成しようとするものであったが、企業と国家の交渉次第で成功と失敗に分かれた。そして、同一産業の生産部門と流通部門でも差が生じたというのがサミュエルズの結論である。

開発国家懐疑論は、新興工業国や新興市場国の分析でも出現した。メキシコ、ブラジルを含むラテンアメリカ諸国は、1980年代はじめにおしなべて累積債務危機に陥り、国家介入による輸入代替工業化は、深刻な批判の目にさらされることになった。

それに対して、輸入代替だけでなく製造業品の輸出振興にも熱心だった東アジア諸国の工業化は、成功例として扱われた。実際、世界銀行のエコノミスト中心にまとめられた『東アジアの奇跡』（英語版1993年）は、東アジア諸国の経済発展を「平等をともなう成長」として礼賛したことで有名である。

しかし、注意しなければならないのは、世界銀行のレポートが、開発国家論については事実上それを退ける内容になっていることである。東アジア諸国の国家が経済成長に果たした役割は、健全な財政金融政策によって貯蓄と投資を促し、教育拡充によって人的資本蓄積を助けたことであって、個別の産業政策に効果があったかどうかは疑わしいというのである。

同書によれば、東北アジア（日本、韓国）では、政府の介入が有効だったことがあるが、それは実績主義的な介入の能力がある官僚機構と、審議会のような官民コミュニケーションの場という「制度」があったからだという。つまり、国家が輸出や技術導入などの面で実績の異なる企業に対して、メリハリのある振興策をとることができたということであり、そのためには、官僚機構が市場での業績を公平に評価できる知識を持ち、その結果を（個別の圧力に屈せずに）政策に反映させる能力を持つことが必要になる。

開発国家論の再構成

これと同じ観点で開発国家論を再構成しようとしたのが、ピーター・エヴァンスであり、彼が1995年に出した「埋め込まれた自律性」論は、今日でも広く受け入れられる見解になっている。韓国、インド、ブラジルの情報機器産業を分析したエヴァンスは、3ヵ国のパフォーマンスの違いを、「国家が市場に埋め込まれている」その程度の違いによって説明しようとした。その意味するところは、国家は個別企業の圧力に屈しないで行動できるだけの自律性を持っているが、同時に、市場動向について最新の情報を得たり、決めた政策を確実に実施したりするために、民間企業と日常的に接触するチャンネルを制度として確立しているということである。

同じ見方で、東アジア内部の多様性を指摘する人々も登場した。リチャード・ドナーとB・リッチー、D・スレイターの3名は、エヴァンスの言う「埋め込まれた自律性」にあたる制度の存在が、産業構造の高度化（彼らの言葉ではアップグレード）に不可欠であることを指摘した上で、韓国、台湾、シンガポールと比べて、マレーシア、タイ、インドネシア、フィリピンでは、そうした制度が弱い、それがゆえに経済成長の点で劣ってきたと主張した。そして、その理由を国家形成の経緯に求めた。すなわち韓国、台湾、シンガポールは、（冷戦や隣国との紛争による）深刻な安全保障上の脅威、国内における社会不安、天然資源欠如による予算制約という三大危機にさらされたために、国家機構を握る政治エリートが、社会からの個別の利益誘導を抑えて、国民経済の成長を優先させる制度を作らざるを得なかった。それに対して、マレーシア以下の国々は三つの危機に同時に襲われることがなかったので、そうした制度を確立させる危機感やインセンティブが弱かった。結果として、個別利益が政策を左右して、国民経済全体の効率を低下させたというのである。

さらにD・スレイターは、国内の社会エリートが直面した（下からの反乱の）危機の深刻度によって、東南アジア諸国間にも相違が生じたと主張する。労働者・農民やエスニック集団による社会運動が一番深刻だったマレーシアとシンガポールでは、伝統的なコミュニティリーダーや実業家のような社会エリートは、国家による保護を必要とした。その結果、社会エリートに従属しない、自律的な行動能力を持つ国家が形成された。対照的にタイ、フィリピン、南ベトナムでは、社会的脅威が低かったので、社会のエリート層は国家に保護を求めず、むしろ国家を私物化しようとする現象が見られた。ミャンマーとインドネシアは中間例だという。

いずれにしても、発展途上国の経済パフォーマンスの違いは、国家の制度的特徴や国家・社会関係によって影響を受ける、そうした制度は歴史的に形成される（したがって一国から他国に容易には移植できない）というのが、開発国家論が行き着いた結論である。

アジアの発展途上国が成長を続けることができたのに対して、ラテンアメリカの新興工業国が1980年代に行き詰まった理由も、この観点から説明できるかもしれない。ラテンアメリカでは対外的な脅威も国内的な危機も、アジアと比べればずっと小さく、自律的な国家制度を形成するインセンティブが低かったので、官僚機構は社会勢力からの圧力に弱かった。それは業績主義に基づいて民間企業を誘導したり説得したりする能力が低いことを意味する。

2　世界経済との結合

グローバル化への参加

ただし、前に見たように、1970年代まではラテンアメリカでも、メキシコやブラジルのように高度経済成長を遂げて、新興工業国に名を連ねる国が出ていたことを考えると、制度の違いだけで経済パフォーマンスの違いを説明することはできない。

ラテンアメリカとアジアを比べて明らかなことは、後者は前者よりも輸出力が高かったことである。これは前述したOECDの新興工業国レポートでも明らかである。すなわち1976年段階の世界の製造業品輸出に占める比率を見ると、ブラジルとメキシコは0・41%、0・51%だったのに対して、香港、韓国、台湾、シンガポールは、それぞれ1・15%、1・

2％、１・23％、０・52％だった。

シンガポールは、一見輸出力が他の東アジアの新興工業国と比べて低いように見えるが、それは、経済の大きさそのものが小さいからである。ＧＤＰに占める輸出の比率をとってみると、シンガポールは１５０％と、新興工業国の中でも桁違いに輸出比率の高い国である。ＧＤＰに占める輸出の比率を他国についても見てみると、香港、韓国、台湾がそれぞれ89％、26％、54％（台湾は１９８１年の数字）だったのに対して、ブラジルとメキシコはわずか７％と８・５％だった。

輸出品と輸出額は各国の国際競争力がどの産業にあるかを知る一つの手がかりである。どんなに工業化が進んでいても、輸出が少ないということは、国際競争力のある産業が育っていないことを示唆する。また、競争的な世界市場に輸出しようとしなければ、常に産業の国際競争力を上げようとするインセンティブも働かないので、輸出の低迷は悪循環となってさらなる低迷を生むことになる。

このように見てくると、１９８０年代に入ってラテンアメリカと東アジアの明暗を分けた要因の一つが製造業の輸出力であったことは、間違いないだろう。天然資源には恵まれているが、製造業の輸出力で劣るラテンアメリカの新興工業国が、資源ブームが衰えるや対外債務を返済できなくなって破綻した事実が、両者の違いを明確に示している。

1990年代には経済のグローバル化がいっそう進み、世界のGDPに占める貿易の比率が39%(1990年)から52・3%(2000年)、さらに57・7%(2015年)へと急拡大したので、輸出市場に食い込むことは、経済発展にとって、いっそう重要性を増したと言える。

1990年代には、特に製造業品の貿易の拡大が顕著だった。ただし、2000年代になると天然資源の国際価格の上昇を反映して、非製造業品の伸びが製造業品のそれを上回るようになる。

以上の分析を踏まえて、発展途上国の中で特定の国々が新興国として経済発展を遂げることができた理由についての議論を、次のようにまとめることができるだろう。第一は、産業構造の高度化を政策として追求する(市場に埋め込まれた)開発国家があったことである。それに加えて、第二に、貿易(特に製造業品の貿易)を通じてグローバル経済への参加を拡大し、さらなる産業発展を促したことである。国内制度と世界市場との結合が鍵となる要因だった。

新興国の三類型

右の第一点の検討は第5章で行うことにして、第二の点は本書が選んだ29の新興国にあてはまるだろうか。表2は、「天然資源輸出の規模」、「国内市場の大きさ」、「産業の技術力」、「高・中度技術による製造業品の輸出の大きさ」という四つの基準で29ヵ国を分類した表である。天然資源輸出規模は物品の総輸出に占める一次産品の比率、市場の大きさは米国のGDPを100とした時の相対的なGDPのサイズである。

産業の技術力を測るために使っている貿易特化係数については説明を要する。この係数は、個々の品目の貿易収支を、その品目の輸出入合計で割ることで算出する（［輸出額－輸入額］÷［輸出額＋輸入額］）。輸出だけで輸入がなければ1に、輸入だけで輸出がなければマイナス1になる。1に近ければ近いほど、その品目は輸出競争力があると考えることができる。表2の貿易特化係数の数字は、輸出品目を資本財、部品、消費財、加工品、一次産品という5部門に分類した上で、資本財と部品の合計について貿易特化係数を算出したものである。資本財と部品は、一般的には消費財、加工品や一次産品の生産よりも高度な技術を必要とすると考えられるので、表2の貿易特化係数の数字は、新興国の産業の技術的な発展度のおおまかな指標として扱うことができる。

技術力を見る第二の指標として、ここでは物品輸出に占める高・中度技術の製造業品の比率を使う。一般には資本財・部品の貿易特化係数の高い国は、高・中度技術品の輸出比率も高くなるはずである。

産業の技術力		高・中度技術品の輸出
（資本財・部品の貿易特化係数、2015年）	（貿易特化係数の増加、1995～2015年）	（物品輸出中の比率、2015年）
-0.98	-0.01（1996～2014）	2.5
-1.00		1.0
-1.00	-0.01	1.4
-0.89	-0.38	10.3
-0.81	0.12	17.0
-0.88	0.03	14.6
-0.86	0.12（1997～2015）	16.3
-0.58	-0.22（1996～2015）	13.0
-0.61	-0.01	21.8
-0.81	0.08	6.2
-0.41	-0.04	23.8
0.19	0.49	57.2
-0.41	-0.04	23.8
-0.37	0.15	28.9
-0.58	-0.22（1996～2015）	13.0
0.34	0.32	74.6
-0.00	0.00	69.0
0.28	0.12	71.2
0.12	0.10	60.8
0.10	0.30（1996～2015）	71.1
0.04	0.36	55.8
0.03	0.16	52.4
-0.01	0.33	49.8
-0.08	0.72（1997～2015）	42.0
-0.32	0.43	37.1
-0.92	0.06	22.1
-0.46	0.18	20.0
-0.91	0.06	3.8
-0.36	0.08（2000～2015）	34.5
-0.87	-0.07（1998～2015）	8.7
-0.93	-0.09	1.6

貿易特化係数はUN ComtradeデータベースのBEC分類から計算

表2　新興国の分類

	天然資源輸出（物品輸出中の比率、2015年）	GDPのサイズ（米国GDPに対する比率、2015年）
一次産品の輸出が大きい国		
ナイジェリア	92.7	2.8
イラク	85.4	1.1
アルジェリア	77.0	1.1
カザフスタン	76.4	1.1
サウジアラビア	65.3	4.1
コロンビア	64.1	2.2
イラン	50.9	2.9
ロシア	50.8	9.9
アルゼンチン	48.9	2.7
チリ	46.3	1.6
ブラジル	39.3	14.0
国内市場が大きい国		
中国	3.0	53.3
ブラジル	39.3	14.0
インド	13.7	13.7
ロシア	50.8	9.9
韓国	2.4	8.0
メキシコ	9.9	7.3
産業技術力向上国		
台湾	2.6	3.1
シンガポール	1.8	1.8
フィリピン	5.6	1.7
タイ	9.3	2.4
マレーシア	15.7	2.0
ポーランド	10.0	3.3
ベトナム	14.9	0.9
トルコ	9.2	6.5
どれにも当てはまらない国		
エジプト	34.1	1.5
インドネシア	32.0	5.9
ペルー	29.6	1.1
南アフリカ	24.6	2.5
パキスタン	18.3	1.3
バングラデシュ	2.4	0.9

出所：天然資源輸出と高・中度技術品輸出はUNCTADデータベースのLall分類から、

以上四つの基準を使うことで、29ヵ国を三つのグループに分けることができる。第1のグループは、天然資源（一次産品）の輸出規模が非常に大きい（物品輸出の概ね40％以上を占める）国である。ほとんどすべてが産油国だが、ラテンアメリカの4ヵ国（コロンビア、アルゼンチン、チリ、ブラジル）のように、農畜産品や鉱物資源の輸出が大きい国もある。第2のグループは国内市場が大きい国で、ここにはGDPの対米相対値が7以上の国を含めているが、中国の53・3からメキシコの7・3まで差が大きい。またロシアとブラジルは天然資源の輸出規模が大きい国であると同時に、大市場国でもあるので、二重に掲げてある。

第3のグループは、天然資源輸出と国内市場規模では、右の二グループに及ばないが、資本財・部品の貿易特化係数で見た産業構造に特徴のある国々である。すなわち、これらの国々は、2015年段階の貿易特化係数がプラスであるか、マイナスであっても1995年と比べると大きな改善が見られる国々である。第3グループの国々は、高・中度技術品の輸出比率も高い。これらのデータから見て、産業の技術水準が高い、ないしは大幅に改善しつつあると見ることができる。

このグループと比べて、天然資源の輸出規模が大きい第1グループは、2015年の貿易特化係数が最低のマイナス1に近い。ロシア、アルゼンチン、ブラジルの貿易特化係数はマイナス0・58、マイナス0・61、マイナス0・41で、他の第1グループの国よりは高いが、

1995～96年と比べて低下しており、高・中度技術品の輸出比率も第3グループの国々よりも低い。一般に天然資源輸出に頼りすぎる国は、産業の技術力改善に身が入らないと言うことができるだろう。

大市場国である第2グループは、産業の技術力という点で、第1グループ型と第3グループ型の二つに分かれる。中国と韓国は第3グループと同じく、産業の技術水準の向上が顕著である。インドの貿易特化係数はまだマイナスで、高・中度技術品の輸出比率も低いが、1995年と比べると貿易特化係数の改善が見られるという点で、第3グループのトルコに似ている。

第1グループと同じく天然資源輸出規模の大きいブラジルとロシアは、産業技術面での成績が悪い。他方メキシコの場合、NAFTAの下での機械産業の発展によって、技術力はブラジル・ロシアよりずっと高くなっているが、近年は技術力向上が見られず停滞している。

最後に、以上のどの基準にもあてはまらない国が6ヵ国ある。そのうちエジプトとインドネシアと南アフリカは、第1グループほどではないにしても、相対的に大きな天然資源を輸出し、産業技術力の向上に基づく高・中度技術品の輸出もほどほどの規模に達しているという意味で、二つのプラス要因を組み合わせることで成長したと考えられる。残るペルー、パキスタン、バングラデシュは、資源輸出、国内市場規模、産業の技術力という三つの要因によっては容易に説明できない事例である。

何が発展の原動力だったか

以上のように見てくると、新興国の大半は、天然資源の輸出を通してか、産業の技術力向上と高・中度技術品の世界への輸出を通して、経済成長を実現してきた国々だということがわかる。国内市場の大きい国も、内向きの発展ではなく、グローバル市場との結合によって成長してきたのである。

なお天然資源への依存は、１９７０年代の一時期を除いて、発展途上国にとって不利に働くものと見られていたが、２０００年代には新興国からの需要拡大のおかげで、原油や他の天然資源の国際価格が長期に高騰、その結果、資源国の中からも新興国に名を連ねる国が多数出た。

拡大するグローバル経済に、様々な形で参加することによって、多くの発展途上国は新興国へと成長したのである。ただし天然資源は、食料を除けば、製造業の原料やエネルギー源としての需要が大きい。その意味で、新興国化の主役は、製造業の技術向上を推進力として成長を遂げた国々だったと結論づけてよいだろう。

3　新興国から先進国へ

中所得国の罠

２０００年代後半までは順調な成長を遂げた新興国であったが、２００８年以降、先進国の経済不況が深まると、新興国の成長率も大幅な落ち込みを記録するようになった。新興国はグローバル経済と結合することで成長してきたがゆえに、いまだグローバル経済の半分（２０１０年に世界のＧＤＰの57％、輸入の52％）を占める先進国（ＥＵ、米国、日本）の経済にブレーキがかかると、新興国も影響を受けざるを得なかったのである。いかに中国をはじめとするＢＲＩＣＳの内需が大きくなっていようと、これら5ヵ国のＧＤＰは、世界のＧＤＰの18％、輸入の13・7％にすぎない。先進国市場は失うには大きすぎるし、ＢＲＩＣＳの景気自体が先進国市場への輸出に負う所が大きい以上、グローバル経済の減速は、新興国全体に大きな影響を及ぼさざるを得なかった。

そうした事態を前に、新興国が中所得国から先進国（高所得国）にレベルアップするのは容易でないのではないかという懸念が広まった。「発展途上国は世界経済に依存しているがゆえに低開発のままではないか」という50年前の懸念が、今度は新興国に段階をあげて議論されるようになったのである。実際、表1にあるように、新興国の中で２０１５年までに高所得国レベルに達したのは、29ヵ国中7ヵ国だけである。

新興国が長期にわたって中所得レベルで低迷するという懸念は、「中所得国の罠」と呼ばれるようになる。この概念は、世界が長期不況に陥る直前に、先見の明のある世界銀行のアナリスト達によって提示された。かれらによると、中所得国は、「一方で成熟産業に競争力を持つ低賃金の貧困国と、他方で急速な技術革新を遂げつつある産業を支配する高所得の革新国との間に挟まれている。」中間で足踏みしている間に、下からの追い上げにあう結果、長期の経済低迷に陥る危険があるというのである。

アジア開発銀行の2011年発行のレポートは、ブラジルと南アフリカを「中所得国の罠」に陥った事例としてあげる一方、躍進めざましいアジアの新興国にとっても「中所得国の罠」回避が重要な課題になっていると指摘している。

実際、1900~2010年の長期統計（Maddison Project）を見てみると、ブラジルの一人当たりGDPは、米国のそれを100とした場合、1980年にピークの28に達したが、1999年までに19へと下落、その後徐々に改善して2010年に23になるが、これはブラジルが1933年に既に達成していた水準にすぎない。南アフリカの場合、事態はもっと深刻で、2010年の17という数字は、第二次世界大戦以前のピークである37にも、大戦後のピークである28にも満たない数値である。

アルゼンチンはアジア開発銀行のレポートでは触れられていないが、やはり長期停滞が顕著な国である。この国は19世紀末から20世紀はじめの時期には世界で最も裕福な国の一つであり、1908年の一人当たりGDPは米国の80％に達していた。しかし、その後下落して、2002年に最低の24％となり、2010年になっても34％までしか回復しなかった。アルゼンチンが2015年に高所得国に分類されているのは、過去に超高所得国であったことの名残にすぎないのである。

これらと比べると、アジアの新興国はピークを更新し続けているので、「中所得国の罠」に陥っているとは言えないが、アジア開発銀行のアナリスト達の分析によると、2010年段階で、下位中所得レベルから上位中所得レベルへの移行に、平均の28年を超えてとどまっている国がアジアには1ヵ国（フィリピン）、その恐れのある国が1ヵ国（インドネシア）あるほか、上位中所得国レベルから高所得国レベルへの移行に、平均の14年を超えてとどまりそうな国が1ヵ国（マレーシア）あるという。

罠を回避する道

「中所得国の罠」が、低賃金を利用して成長する後発国と技術革新によって成長する先進国に挟撃されることで生じる停滞だとすると、それを回避するためには、後発国型の発展パターンから先進国型の発展パターンへの転換を、今まで以上に推し進めるしかないだろう。そのためには、国内産業や労働力の技術革新能力を高めることで、経済の高付加価値化を図る必要がある。

ただし、高付加価値化を進めると言っても、経済活動のグローバル化が進んだ今日にあっては、付加価値の高い産業を丸ごと国内に取り込むことを意味するわけではない。むしろ同じ産業の中で、付加価値の高い部門を立地することが重要になっている。これは、国際競争の激化とICT（情報通信技術）の発展を背景として、先進国企業が企画開発から生産・流通に至る過程を細分化し、コスト便益効果が最善になる立地を世界規模で追求するようになった結果である。先進国企業は、企画開発やコア部品の生産、および世界的マーケティングを母国に残し、部品や製品の生産やビジネス支援サービスを、コストが安く、国内市場の拡大が顕著な発展途上国（特に新興国）に移す動きを強めたのである。その結果、「グローバル生産網」や「グローバル・バリューチェーン」と呼ばれる国境を超えるネットワークが張り巡らされるようになった。

新興国が産業の技術革新能力を高めるには、こうした「グローバル生産網」の中で、付加価値のより高い部分を自国内に立地させるように努める必要がある。そのためには、自国の企業や労働者の技術力を向上させなければならないだろう。その鍵になるのが企業や研究所によるR＆D（研究開発）活動の活発化と、人的資源の高度化である。

R＆D支出と技術人材

表3は、データのある新興国について、R＆D支出とOECDの学習到達度調査（PISA）の結果を示したものである。ここで示す学習到達度は、15歳の生徒を対象とした数学と科学のテストの平均値なので、技術人材の質の高さを測る指標として扱ってよいだろう。

これを見ると、両方の指標において、韓国とシンガポールが群を抜いていることがわかる。中国の場合、学習到達度がきわめて高いように見えるが、これは沿海部大都市の生徒だけを対象としているからである。台湾はR＆Dのデータがないので確定的なことは言えないが、学習到達度は韓国・シンガポール並みに高く、2015年には中国（都市部）よりも優っていた。東アジアの新興国の中でも、高所得国になった3ヵ国（シンガポール、韓国、台湾）は、R＆D活動や人的資源の高度化において、先陣を切った国々なのである。

その結果、これらの国々の企業の中から、自らグローバル生産網を築く多国籍企業（いわゆるリード企業）も登場している。日本でもスマートフォン「ギャラクシー」で知られる韓国のサムスン電子、シャープを買収した台湾の鴻海精密工業が有名である。

これら新興工業国生まれの多国籍企業は、電子機器や自動車のような機械産業分野に多く

表3　R&D活動と学習到達度

	GDP中のR&D支出の比率(%)		学習到達度(数学と科学の平均)	
	2000／2001	2015	2012	2015
韓国	2.34	3.98	546	520
シンガポール	2.02	2.18	562	560
台湾			542	537
中国	0.94	2.06	597[a]	525[b]
マレーシア	0.47	1.28	421	
インド	0.74	0.69		
タイ	0.25	0.62	436	418
ベトナム	0.19 (2002)	0.44		510
パキスタン	0.17	0.25		
インドネシア	0.05	0.25 (2016)	379	395
フィリピン	0.14	0.16		
ブラジル	1.03	1.34	398	389
アルゼンチン	0.42	0.62	397	466[c]
メキシコ	0.34	0.43	414	412
チリ	0.31 (2007)	0.38	434	435
コロンビア	0.13	0.29	388	403
ペルー	0.11	0.12	371	392
ロシア	1.18	1.10	484	491
ポーランド	0.62	1.00	522	503
カザフスタン	0.22	0.17	429	
トルコ	0.54	0.88	456	423
サウジアラビア	0.06 (2003)	0.82 (2013)		
エジプト	0.19	0.72		
アルジェリア	0.23	0.54 (2017)		368
イラン	0.50	0.42		
イラク	0.05 (2007)	0.04		
南アフリカ	0.71	0.72		
ナイジェリア	0.13 (2007)			

注：a 上海のみの結果、b 北京、上海、江蘇、広東のみの結果、c ブエノスアイレスのみの結果

出所：R&DはUNESCOデータベース、学習到達度は国立教育政策研究所『OECD生徒の学習到達度調査－2015年調査国際結果の要約』(2016年) より作成

見られる。機械産業は生産工程が長く、部品数も多いので、グローバル生産網への参加が容易である。サムスン電子も鴻海精密工業も、外国企業の委託加工業者として生産網に参加することから出発して、ついには自らグローバル生産網を組織するまでに成長したのである。

先頭を行く3ヵ国には及ばないまでも、中国もR&Dや人材育成を急速に向上させていることは、表3から読み取れる。しかし、それ以外の新興国については、将来の技術力に不透明な部分が多々残る。R&D支出では、ブラジル、ロシア、ポーランド、トルコなどが比較的高い水準にあるが、技術人材の育成という点ではアジアの4ヵ国に及ばない。BRICSの一角をなすインドと南アフリカは、学習到達度調査に参加していないので、技術人材についてはわからないが、R&Dはまだ低い水準にある。

東南アジアでは、マレーシアが急速にR&Dを改善してきているが、学習到達度で測った人材育成の面で遅れている。ブミプトラ政策によってマレー系住民を優遇しすぎてきた（中国系・インド系市民の能力を生かせていない）ことの結果が表れているのかもしれない。アジアの中で、特に東南アジアの新興国で「中所得国の罠」に対する懸念が強いことの裏には、企業や労働者の技術力向上の遅れがある。

4　産業のアップグレードを求めて

天然資源加工業の可能性

東南アジアのように天然資源が豊富な地域では、新興工業国のような機械産業ではなく、天然資源加工業に活路を見出すことができるのではないかとする見方もある。天然資源加工業ならば、機械産業ほど複雑で高度な技術を必要としない、自国の天然資源を原料として使えるメリットがある、生産・加工や流通について経験の蓄積がある――といった利点が、国際競争力につながると期待できるからである。

ラテンアメリカの中で高所得国になっているチリが、天然資源加工型発展のモデルである。この国は、表2に示されているように、資本財・部品の貿易特化係数はマイナス1に近く、高・中度技術品の輸出比も低いが、一次産品の輸出は46％ほどに抑えられており、残りは加工品として輸出している。その内容は、伝統的な銅板に加えて、葡萄酒、乾燥果物、パルプ、木材チップ、鮭の切り身と多様である。

もしもチリが、低い技術革新力のまま高所得国になれたのなら、貿易特化係数で測った技術力がチリよりもずっと高い東南アジア諸国は、天然資源を原料にする加工業を、チリ以上に高度化できるはずである。マレーシアのパーム油を原料にしたオレオケミカル（天然油脂中間財）や、天然ゴムを原料にした医療用ゴム手袋は、そうした高度加工品の例である。

さらに国境を越える生産網は、機械産業だけでなく天然資源加工業でも見られるようになっている。マレーシアのゴム加工企業は、原料のゴムを求めて近隣国へ進出しているし、タイの食品加工企業は生産・販売の拠点を、やはり東南アジア近隣国に広げている。グローバル生産網とまでは言えないまでも、リージョナル生産網の中心になりつつあるのである。

しかし、一般的に言って天然資源加工業は、機械産業よりもバリューチェーンが短いという短所がある。バリューチェーンが短いということは、国民経済全体への波及効果が限られることを意味する。したがって、天然資源加工業を主動力として新興国から先進国への変身を遂げようとするのならば、バリューチェーンを長くする努力が必要である。そのためには、同じ天然資源を原料としながらも、マレーシアの医療用手袋のような高品質の新商品を開発しなければならないだろう。結局のところ、自国企業の技術開発能力を高めることが必須の条件になるのである。ただし天然資源加工業は、機械産業と違って、製品自体の中にＩＣＴ機能を組み込むことで付加価値を高める――という利点に乏しい点に留意しておく必要がある。

ビジネス支援サービス業の可能性

機械産業や天然資源加工業に加えて、もう一つの可能性は、会計、情報管理、苦情処理、ロジスティクス管理などのビジネス支援サービス業を発展させることである。過去30年間、サービス貿易は、物品の貿易よりも速い速度で増加してきている。サービス貿易のGDP総額に対する比率は、1990年には8・2%だったが、2000年には11%、2015年には13・3%になった。

2015年段階で輸出総額に占めるサービス輸出の比率が世界平均（23・2%）より高い新興国は5ヵ国（エジプト、フィリピン、インド、シンガポール、トルコ）あるが、このうちエジプト、シンガポール、トルコについては、海運や陸運のハブとして運輸関連サービスの輸出が大きくなることは納得できる。他方インドとフィリピンは運輸関連のサービスというよりは、そしてシンガポールの場合は運輸関連サービスに加えて、企業が外注する（ICTを駆使した）ビジネス支援サービス業を発達させた国である。しかし、表3を見ると、インドとフィリピンはR&D活動が低水準のままなので、将来に不安が残る。ビジネス支援サービス業であっても、新興国レベルから先進国レベルへ進もうとするならば、技術水準と付加価値を高めることが是非とも必要である。

技術力向上に向けた利害の調整

それでは、新興国が自国企業や労働力の技術能力を高めるのに何が必要とされるのか。もちろん、個々の企業がこぞってR&D支出を増やし、技術人材の育成を図ることが重要だ。しかし企業の業績は、他企業の対応を含む経済環境の影響を受けるので、個々の企業の判断だけに任された場合、不確実性を避けようとする企業が十分な努力をしない選択をする可能性が高い。

個々の企業に技術力向上の努力を促すためには、(1)政府が業績ベースのインセンティブを個々の企業に提供する、(2)政府や官民合同機関が全企業に対して技術力向上に役立つサービスを「公共財」として提供する、(3)政府や民間団体が上流部門と下流部門の間の投資・合理化調整を図ることで、一つの産業全体の発展を促す、(4)個別企業内での雇用主と従業員の間の利害調整によって、生産現場での生産性改善を促進する——といった方策が必要である。

(1)はアジア開発銀行のアナリストが『東アジアの奇跡』レポートの中で、東北アジア諸国の政策として指摘した方策である。韓国の朴正煕政権が行った輸出額に応じた政府系金融機関による融資が、典型的な例として引用されることが多い。日本でも、かつて重化学工業化の時代に、導入する技術の水準や販売実績に応じた外貨・融資割当が行われた。今日では日本を含む多くの国で、企業のR&D支出に応じた補助金や減税措置が与えられている。

（2）は、コストが高い、あるいは他企業のただ乗りを恐れるなどの理由で、個別の企業が二の足を踏む活動を、政府や官民合同機関が担う行為である。一般的な、あるいは特定職能分野での技能訓練や、政府系研究機関による技術開発が、それにあたる。後者の場合、政府系研究機関が音頭取りをして、民間企業を糾合する技術組合を組織することもある。これによって不確実性の高い技術開発の初期段階のコストをシェアできるメリットがある。

政府系研究機関による技術開発の好例は、台湾の新竹科学工業園区と、そこで起業して、半導体の受託生産で世界をリードするまでに成長した台湾積体電路製造（TSMC）と聯華電子（UMC）である。新竹科学工業園区は、IT産業育成をめざす台湾政府が1980年に設立したハイテク産業団地である。シリコンバレーをモデルにしたと言われる新竹科学工業園区では、政府が米国のIT企業などで働く台湾人技術者の帰国を誘ったり、公立研究所の研究員の移籍を促したりすることで、最新の技術の導入と開発を図った。そして、そのような技術と技術者をスピンアウトさせて、台湾積体電路と聯華のようなベンチャー企業を多数生み出すことに成功したのだった。

技能訓練でも官民が協力する場合がある。2004年に外国企業とタイの政府機関や研究機関が協力して起ち上げたタイのハードディスク協会（HDDI）が、その好例である。H

DDIは、タイの技術者育成のための技能訓練を行うと同時に、企業と研究機関による合同のR&Dプロジェクトを展開することによって、タイを世界のハードディスク生産の一大中心地にすることに成功した。

（3）は、タイの諸産業の発展を長い間観察してきた米国人研究者リチャード・ドナーが重視する方策で、市場プレーヤー同士の活動を調整することで、産業全体の発展を促そうとするものである。例えば、ある産業で原材料を生産する上流部門企業の投資は、最終製品を生産する下流部門企業も投資を拡大して、上流部門からの調達を増やすという見通しがなければ進まないだろう。他方、最終製品の販売や輸出を増やすには、部品輸入にかけられていた関税を引き下げることで、国内部品企業の生産性向上努力を促すことが必要だが、負担に見合う利益増が見込めなければ、部品企業は輸入品との競争を恐れて関税引き下げに抵抗するだろう。

日本の下請け系列のように、大企業（親会社）と部品を納入する中小企業とが長期的な取引関係を結ぶことに成功すれば、上流部門と下流部門の利害調整は、民間企業同士で行うことも可能だ。しかし後発工業国の場合、大企業にとって部品企業を保護育成するよりも、最初から安くて質の高い部品を輸入した方がコストがずっと低いので、政府による規制や振興策がなければ、市場内での自発的調整は困難である。関税交渉や関税変更にいたっては、政府そのものの仕事になる。

しかし、ドナーらが指摘するように、複雑な生産工程間の利害調整は政治の介入を受けやすいので、政府にとって困難な仕事にならざるを得ない。すなわち、特に上流部門には多数の中小企業が存在するので、三権分立の度合いが大きかったり、政党分立が激しかったりすると、「拒否権プレーヤー」が多くなって、政治の力を借りて政府機関の調整作業を妨害する力が強く働くというのである。

グローバル生産網に広く深く食い込む過程で、付加価値の高い部門を国内に立地することが、今日の新興国が前進するための枢要な要件となっているが、それはまた極めて困難な仕事なのである。

労働者の参加

利害調整には、右の（4）にあげたように、企業内の雇用主と従業員の協力も重要である。日本発のQCサークルやカイゼンは、従業員が積極的に参加することで、品質、コスト、納期の改善につなげたことで有名である。労働現場全体での生産性向上の努力の中で、個々の労働者の技術力向上を図る試みと考えてよいだろう。しかし、そのように積極的な従業員の参加を促すためには、経営側もインセンティブを提供する必要がある。日本では長期雇用や業績・経験を組み合わせた賃金システムといった制度が、その役割を果たした。解雇や不当労働行為を厳しく制限する労働法制も、雇用主に従業員との対決よりも協力の道を模索することを促す役割を果たした。

ところが、新興国には非民主主義国あるいは非民主主義国だった国が多いので、労働者や労働組合の権利が先進国ほど守られていない。さらに冷戦の最前線にあった韓国や台湾、東南アジアでは、労働運動は左翼運動の一部として抑圧の対象であった。そうした状況下では、企業内での自発的な労使協調は進まなかった。近年日本的な労使協調が広がっている国もあるが、労働力の技術力向上は、上述したタイのＨＤＤＩのような準公的機関が提供する教育や技能訓練の機会を利用した、個々の労働者の上昇志向に任されることが多かったのである。

そのうえ新興国は、低賃金利用による成長から技術向上（アップグレード）による成長へ転換する中間段階にあるので、中には、成否の不確実性の高い技術力向上を試みるよりも、経験のある低賃金利用を続けようとする企業が出てくる。タイやマレーシアで、近隣国からの（しばしば非合法の）移民労働者を雇う動きが広がっているのは、その端的な表れである。低賃金の外国人労働者を利用した従来通りの生産で、とりあえず生き延びることができるのなら、生産現場での生産性向上を推進し、ひいてはグローバル生産網の中で上昇しようとする動機は弱くなる。外国人労働者に生産性向上運動への参加を促すことは、言語や文化を共有する自国労働者以上に難しいだろう。
国内に大きなインフォーマル部門（法律上の保護を受けず、義務も負わない経済活動）を抱えたラテンアメリカの企業にも、同様のことが言える。近年ラテンアメリカでは、インフォーマル部門の労働者に加えて、政情不安や犯罪増によって自国を逃れて他国に流れ込む移民労働者も増えている。

以上のように、新興国が先進国への道を歩むにあたっては、技術力向上と産業構造のアップグレードが必要だが、それが市場内での自発的な行動によって進むことは稀であった。政府や官民合同機関が、企業間や労使間、さらに上流部門・下流部門間の利害調整において、重要な役割を果たしてきたのである。そればかりか、次章で詳しく見るように、今日の新興国は技術力向上の課題に加えて、社会福祉国家形成の課題にも直面しているため、ますます政府や政治の役割を抜きにしては論じられなくなっている。

第2章　福祉国家形成の試練

新興国現象を生んだ急速な経済成長は、将来の成長持続性に関する「中所得国の罠」問題を生むと同時に、それぞれの新興国内部に大きな社会変化をもたらした。全体的な所得向上によって貧困家計が減り、中間所得層（「中間層」や「中産階級」と呼ぶ者もいる）が増えたのである。こうした社会変化は、次章で扱う民主化の波の中で、人々の政治意識を活性化させ、経済成長によって財政的余裕のできた政府に対して、生活と福祉の改善に力を尽くすように求める声を高めさせた。社会福祉国家の形成が、多くの新興国の課題となったのである。

1　所得階層で見た社会構造の変化

中間所得層の上昇

まず所得分配率の変化を見るところから始めよう。ここでいう「所得分配率」は、すべての家計を複数の所得階層に分け、それぞれの階層の所得が、全国民所得の何%を得ているかによって算出される。

表4は1990年代半ばと2010年代半ばを比べて、20年間に新興国の所得分配がどのように変化したかを見たものである。所得が上から20%目から80%目までの家計（全家計の6割）を「中間所得層」と考えると、この層への所得分配率は、両時期のデータがある22ヵ国中15ヵ国（表の網掛けの部分）で増加している。

中間所得層への所得分配率の増加は、1990年代半ばの分配率が比較的低かった国ほど大きかった。表4で、1990年代半ばの中間所得層への所得分配率が50%未満だったバングラデシュ以下の15ヵ国を見ると、トルコと南アフリカを除くすべてが、中間所得層への分配率上昇を経験している。トルコは両時期に同レベルの分配率を記録しているので、結局、南アフリカだけが明確な分配率下落を経験したことになる。

それと比べて、1990年代半ばの中間所得層への所得分配率が50%を超えていた7ヵ国

表4　新興国の所得分配

	中間所得階層60%の所得分配率		高所得階層20%／低所得階層20%	
	1994年前後	2014年前後	1994年前後	2014年前後
パキスタン	51	48	4	5
カザフスタン	51	53	6	4
エジプト	51	49	4	5
アルジェリア	50	54	6	4
インド	50	47	5	6
中国	50	48	6	7
インドネシア	50	46	5	7
バングラデシュ	49	50	5	5
ベトナム	48	51	6	6
トルコ	47	47	8	8
イラン	46	48	9	7
アルゼンチン	45	48	12	9
タイ	44	48	8	6
ロシア	42	46	12	7
マレーシア	42	47	12	8
ナイジェリア	40	51	15	6
ペルー	40	47	20	10
メキシコ	38	41	17	12
コロンビア	37	39	25	16
チリ	35	43	18	9
ブラジル	34	39	27	16
南アフリカ	33	30	22	28
韓国	n.a.	54	n.a.	5
イラク	n.a.	53	n.a.	4
ポーランド	n.a.	53	n.a.	6
フィリピン	n.a.	44	n.a.	9
台湾	n.a.	n.a.	n.a.	n.a.
シンガポール	n.a.	n.a.	n.a.	n.a.
サウジアラビア	n.a.	n.a.	n.a.	n.a.

注：網掛けは、中間所得階層の所得分配率の上昇と、高所得階層に対する低所得階層の所得分配率の上昇を示す。出所：世界銀行世界開発指標より作成

については、5ヵ国で分配率の下落を経験した。しかし、このことは中間所得層の家計の所得額が減ったことを意味するわけでも、中間所得層に位置づけられる家計数（全体の60％で不変）が減ったことを意味するわけでもない。新興国では大幅な経済成長によって、国民所得の水準そのものが全体的に上昇したので、中間所得層の所得額も増加している。ただ低所得層の所得上昇率がそれを上回った国では、相対的に中間所得層への所得分配率は下降した。

所得格差の縮小

低所得層20％の所得上昇率が高かったことは、表4で、「高所得階層20％／低所得階層20％」の数値を見ることで明確になる。この数値は、高所得層20％への所得分配が、最も低い家計20％のそれの何倍だったかという所得格差を示している。1994年前後と2014年前後の間の変化を見てみると、所得分配上の大きな改善（数値の減少）を経験した国が多いことがわかる。これは、20年間における低所得層の所得上昇が高所得層の所得上昇を上回ったことを意味しており、その結果、最上位と最下位の所得格差が縮小した。

さらに中間所得層への所得分配率と最上位・最下位の所得格差の関係を見てみると、両者の間には強い負の相関関係がある（相関係数は両時期ともマイナス0・94）。最上位・最下位間の所得格差が小さい新興国では、中間所得層も豊かだということである。

ただし注意しなければならないのは、２０１４年前後の所得格差を比べることでわかるように、１９９０年代半ば以降の時期に格差の縮小を経験したからといって、結果として縮小を経験しなかった国よりも格差が小さくなったとは、必ずしも言えないことである。ラテンアメリカのように、もともと大きな格差ができていた国々では、格差が縮小したとしても、まだ大きな格差が残っているからである。いわば負の歴史的遺産である。

それでも、ラテンアメリカを含む新興国では、高い経済成長の結果、低所得層の所得が改善し、中間所得層は以前より豊かになった。しかし皮肉なことに、こういった個々の家計の所得向上は、公的な社会福祉の拡充を求める圧力を弱めるのではなく、むしろ強める作用を及ぼしたのである。

2　社会福祉の拡充

社会福祉の漸進的拡大

飢饉などにあたって、領主や君主が備蓄食糧を住民に配給するといった行為は、洋の東西を問わず古い時代から行われていたが、近代的な福祉国家形成が始まるのは19世紀ヨーロッパにおいてである。けがや病気で倒れる人が出た時、あるいは老人の世話が必要になった時、または突然の出来事によって飢える者が出た時、通常真っ先に頼るのは家族や親族であろう。それが拡大して、地域コミュニティ、宗教団体、職域・職能団体などによる助け合い（互助）が行われ、やがて、それと並んで国家による社会保障の制度化が始まるのが、19世紀だった。

しかし政府による福祉の制度化は、財政的余裕がなければ進まないので、西ヨーロッパ諸国を中心とする先進国でも、提供される福祉サービスの内容と量、および福祉制度でカバーされる国民の範囲は、漸進的に拡大して、徐々に福祉国家が形成されていったのだった。

発展途上国が新興国への歩みを始めた時期には、医療保険、老齢年金、社会扶助（生活保護）など、国家が関わる福祉制度についての情報は既に出回っていたが、それらを早期に、かつ大規模に導入する財政的余裕は、どの国にも存在しなかった。したがって、先進国に倣った制度が導入される場合でも、最初は政府に仕える公務員や軍人に限った医療保険や年金から始まり、その後、財政的余裕のある民間大企業の従業員に広がっていくのが通常だった。中小企業の労働者や農民を含む自営業主への福祉制度の拡大は、なかなか進まなかったのである。

しかし新興国化が進む中で、社会福祉の拡充は確かに進展した。例えば、医療の普遍化（所得の多少に関わらない全国民への医療サービスの提供）についての世界銀行の研究によると、貧困層への医療拡大を目的とする発展途上国24ヵ国（うち新興国14ヵ国）の26の政策プログラムによる人口カバー率は、２００６年から２０１１年にかけての5年間だけで27%から45%に増加したという。

政府の社会福祉支出を比較する

新興国がこれまでに達成した社会福祉のレベルを見るために、国際労働機関（ＩＬＯ）が発表している「公的社会保護支出」の対ＧＤＰ比を使ってみよう（巻末の付表2を参照）。「公的社会保護支出」は、医療、老齢、失業、障害、児童手当など9分野における毎年の政府支出を含んでいる。そこには企業福祉（法定および法定外）のような民間社会支出が含まれないので、韓国のように民間社会支出の大きな国は、実態よりも社会福祉が低いように見えてしまう。

しかし、データのそろう18の新興国について、２０１３～15年における公的な所得移転の合計が受益家計の所得（ないし支出）に占める比率（家計充足率）を見てみると、公的社会保護支出の対ＧＤＰ比が高い国は、家計充足率も高いことがわかる。ここでいう公的所得移転には、社会保険、社会的セーフティネット、失業手当、積極的労働市場プログラムが含まれている。

公的社会保護支出と家計充足率の関係についての大きな例外は、チリとカザフスタンである。前者では公的社会保護支出のGDP比が高いわりに、家計充足率は低い。これは次節で詳述するように、チリでは年金の民営化が進んでいるので、家計が公的福祉に頼る度合いが低いのだと考えられる。カザフスタンでは逆に、公的社会支出のGDP比が低いにもかかわらず家計充足率は高い。

しかし全体としては、公的な社会保護支出の多い国では、家計が助けられている程度が大きいと見ることができるので、政府の「社会保護」支出を、人々が受けている社会福祉の大雑把な指標として使うことは許されるだろう。

公的社会福祉の水準を決める要因

図1は2015年の一人当たりGDP（横軸）と、GDPに占める「公的社会保護支出」の比率（縦軸）を示す散布図である。右上に先進国が、左下に新興国が集まっていることから明らかなように、全体的傾向としては、経済的に豊かな国ほど政府の社会支出が多いと言える。しかし、同じ図は、先進国の中にも新興国の中にも、大きなばらつきがあることを示している。先進国では、エスピン＝アンデルセンが「社会民主主義型」や「保守主義型」の福祉体制に分類したスウェーデン、ドイツ、フランスの政府社会支出は、「自由主義型」や、それに近い福祉体制に分類した米国、オーストラリア、英国のそれよりも高い。

図1　新興国の公的社会保護支出の対GDP比（2015年）

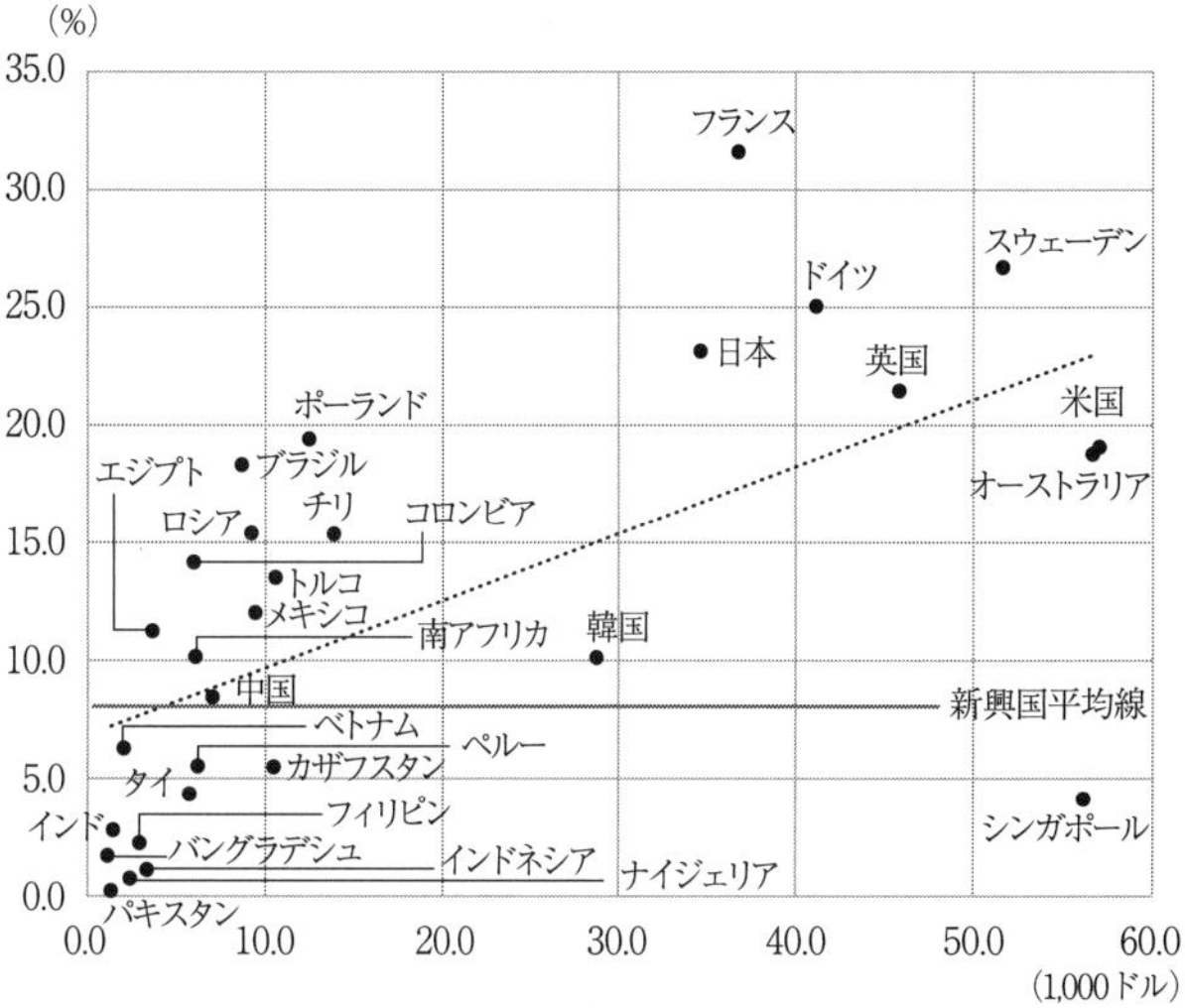

注：付表2を元に作成

新興国の中では、既に先進国並みの豊かさを達成したシンガポールが極端に低い政府支出を記録しているのに対して、旧社会主義国のポーランドとロシア、そしてチリを含むラテンアメリカ諸国は、一人当たりGDPから予想されるよりも、ずっと高い政府社会保護支出を記録した。それと比べてアジア諸国は、全体として公的社会保護支出が低い。これらの事実は、豊かさ以外の要因が福祉国家形成に影響していることを強く示唆している。

こうした要因の中で、政治的な要因の検討については第5章にゆだねることにして、ここでは各地域や各国の歴史的な経験の違いに注目してみたい。過去において福祉国家形成の経験を持つ地域・国では、その遺産が比較的高い政府保護支出の形で残っているのではないかと考えられるからである。

3　歴史の遺産

ラテンアメリカのポプリスモ

政治的には早期に植民地からの独立を果たし、経済的には天然資源に恵まれたラテンアメリカは、1880年代から第一次世界大戦にかけて、他の発展途上国よりも早い時期に、最初の「新興国」化を経験した地域である。アルゼンチンとチリの躍進は特にめざましく、1910年には一人当たりGDPが米国の77％と60％に達していた。当時日本のそれは31％だったので、日本よりはるかに豊かな国であった。この繁栄は、工業化を進める欧米に対して、小麦、牛肉、果実のような農畜産品や鉄・銅・硝石のような鉱物資源の輸出を増やすことで、すなわちグローバルな産業間分業に参加することで可能になった。この点は、天然資源の輸出に頼る今日の一部の新興国と同じである。

しかし、ラテンアメリカの第一次天然資源ブームは第一次世界大戦を機に下火となり、ラテンアメリカ経済は世界大恐慌によって危機に陥った。以後、次第に工業化――後に「輸入代替工業化」と呼ばれる――が、危機を打開する道として模索されるようになる。しかし、この工業化を推進するためには、製造業品の輸入関税を上げたり、輸入数量制限を加えたり、為替レートを低めに設定したりといった保護貿易政策が必要だった。

そうした政策の担い手になったのが、第一次天然資源ブームの時代に勃興した都市中間層を基盤とする政治勢力だった。しかし彼らが政権を掌握して維持するためには、自由貿易から利益を得ていた天然資源輸出部門（大土地所有者や鉱山主）を支持基盤とする古い政治勢力を抑えなければならなかった。そこで新勢力は、支持基盤を広げるために、中間層や都市労働者の福祉向上に資する政策の実施に向かった。労働組合の組織化が促され、前の時代に始まっていた社会保険制度が整備拡充され、燃料や基礎食糧への価格補助が制度化された。こうした政権は後に「ポプリスモ（大衆主義）」の名で呼ばれるようになる。

コロンビアのように明示的には「ポプリスモ」政権が成立しなかった国や、それが短期でしかなかった国もあるが、輸入代替工業化と中間層・都市労働者の福祉向上を両輪とする「ポプリスモ」は、1940年代から70年代はじめにかけての時期、「時代の精神」としてラテンアメリカ全域に影響を与えたのだった。

しかし「ポプリスモ」は、輸入代替工業化が限界に達し、1980年代はじめにラテンアメリカ諸国が累積債務危機と財政危機に襲われた時、維持することが不可能になる。貿易や投資の自由化や民営化を核とする市場経済化政策が新たな「時代の精神」となり、「ポプリスモ」時代の社会福祉体制も大改革を余儀なくされた。

年金民営化の限界

それを象徴するのが年金の民営化であろう。1981年に軍事政権下のチリで最初に導入された民営年金保険制度は、それまでの賦課方式・確定給付型年金を積立方式・確定拠出型年金に転換するものだった。新たな年金保険制度は、個々人が年金運用会社に保険料を積み立て、将来その運用益から年金を受給する仕組みで、理論的には、確定給付型年金とは違って、政府からの財政補塡は減少するはずであった。

この制度は、当初はうまくいくかに見え、世界銀行や国際通貨基金（IMF）の勧めもあって、90年代にペルー、アルゼンチン、コロンビア、メキシコなどでも部分的に導入された（ブラジルだけは頑固に従来の公的年金保険制度を維持した）。

しかし民営年金制度は様々な問題を持つことが明らかとなる。第一に、既に年金を受け取っている人々や、間もなく受け取るようになる人々に対する年金支給は、いきなり年金運用会社に移行させることはできないので、従前の確定給付型年金を維持するか、旧制度で計算される年金額を保証するか、どちらかにせざるを得ない。したがって保険収支の赤字分については、引き続き政府財政からの支出が必要となる。

第二に、インフォーマル部門で働く非正規就労者の多いラテンアメリカ諸国では、賃金が低い上に、給与からの保険料天引きが困難であるため、無年金者や低年金者が多発した。

第三に、年金受取額は政府が最低年金の保証を行わない限り、資本市場の動向に大きく左右されることになり、経済危機がおこったり、経済停滞が続いたりすると、年金受取額が極端に減少する恐れがあった。

実際に民営年金制度を最初に導入したチリでは、2000年代までに無年金者や最低賃金にも満たない年金しか受け取れない人が多発するという社会問題が発生した。そこで政府は、無年金者や低年金者のために、それぞれ「老齢連帯基礎年金」と「老齢連帯保証手当」と呼ばれる政府負担の年金を設立せざるを得なくなった。

1994年に確定給付型の基礎年金に民営積立年金を付加する二階建て方式の制度を導入したアルゼンチンでも、1998年以来数年続いた経済危機によって無年金者や低年金者が急増した。それに対処するため、2004年に保険料を全く支払っていない人や支払期間が足りない人も年金が受け取れる制度を導入した。さらに2008年の世界金融危機に際して、民営年金制度そのものを廃止し、元の賦課方式・確定給付型の年金制度を復活させた。民営年金制度が機能するためには、民間の年金運用会社に十分な資金が積み立てられる必要があるが、それを待つ余裕もなく、政府財政の出動を必要とする元の制度を復活させたのであった。

アルゼンチンほど極端ではないにしても、他のラテンアメリカ諸国でも、無年金者や低年金者を政府財政で補助する制度が拡充された。

ラテンアメリカ諸国の社会福祉体制は、社会保険制度が中心であったが、社会保険制度でカバーされていない人々のためにも、公立病院での無料・低料金診療、燃料や基礎食糧に対する価格補助、貧困家庭に対する生活保護など、さまざまな社会扶助があった。市場経済化政策は、これらに対する政府支出にも削減圧力を加えるものだった。しかし市場経済化を続けることは、そうでなくても所得格差の大きいラテンアメリカで、勝者と敗者の格差をいっそう広げる恐れが大きく、実際、デモや暴動などの社会不安が高まった。

結果として、各国政府は貧困層向けの政策をむしろ拡大せざるをえなくなる。特に注目されたのは、受給家計を絞って支援する「条件付き現金給付」と呼ばれる制度で、子供を通学させる、あるいは子供に予防注射を受けさせるといった条件を満たした貧困家庭にのみ、現金による生活扶助を行うものであった。メキシコで1997年に導入されたのを嚆矢として、ブラジルやアルゼンチンにも広がり、これらの国々では全人口の25〜30%が受益するようになったと言われる。

１９８０年代から90年代にかけての累積債務危機の時代に、ラテンアメリカ諸国は財政赤字の圧縮や民営化などの市場経済化政策をとることを余儀なくされ、公的な社会保護支出も削減圧力を受けた。しかし、福祉削減による社会不安が高まったために、年金改革は不十分に終わった。それに加えて、「条件付き現金給付」型生活扶助が急速に拡大したこともあって、社会福祉の水準は比較的高いまま維持されたのだった。

旧共産主義国

同様のことが旧共産主義国であるロシアとポーランドについても言える。社会主義政権が成立した国では、冷戦という資本主義諸国との競争の中で、体制の優位性を政府介入による国民平等化によって実現すべく、経済の実力を遥かに上回る福祉国家を作り上げた。共産主義国における国家による福祉の保障は、「ポプリスモ」のラテンアメリカよりも徹底しており、雇用も医療も退職後の生活も国家によって保障されていた。

その共産主義政権は、ポーランドでは１９８９年に、ロシア（旧ソ連）では１９９１年に崩壊し、各国は市場経済化を進める「移行経済」になった。それに伴って公営事業体の民営化、医療の保険化・有料化、確定拠出型年金の導入などが行われた。

しかし、急激な市場経済化は、多数の失業者や生活困窮者を生み出したので、社会的混乱を回避するために、各国政府は国民の福祉を維持するための施策を進めざるを得なくなった。社会主義体制の時代には存在しなかった失業手当や生活扶助が導入され、国公立の医療機関での無料診療は継続されることになった。老齢年金には基礎年金の上に、個々人の拠出額や基金運用益に左右される二階部分や三階部分が付け加えられる一方で、政府が固定の基礎年金や最低年金額を保証する制度が導入された。

こうした市場経済化にともなう社会保障制度改革の結果、受給できる福祉サービスの内容に関して、国民間の格差は拡大したが、社会福祉を維持するための政府負担は、比較的高いまま維持されたのである。

しかし、図1は旧共産主義国のカザフスタンや、いまだ「社会主義」を標榜している中国やベトナムでは、公的な社会保護支出のレベルが、ロシアやポーランドよりもずっと低いことを示している。

中国やベトナムでも、「改革開放」（中国）や「ドイモイ」（ベトナム）の名の下に市場経済化が進む中で、共産主義型の普遍的福祉国家は解体され、医療サービスの提供や失業者・老齢者の生活保障のために、保険制度の拡充が試みられた。しかし、新しい制度の普及は緩慢で、例えば中国では、企業で働く労働者や職員の年金・医療保険制度（賦課方式基金と積立方式個人口座の二階建て）の構築は1997〜98年に始まったが、人口の半分以上を占める農民や農民工（出稼ぎ労働者）に関わる保険制度の整備は遅れた。中国政府が農村部での医療保険制度の建て直しを始めるのは2003年のことで、さらに一部の地方で「新型農村年金制度」の試行を始めるのが2009年である。加えて、医療サービスを受けるには患者の自己負担があり、その負担額は、よりよい病院になるほど高い。政府が保証する普遍主義的な年金・医療保険制度の構築は徐々にしか進んでいない。

ベトナムの老齢年金保険も、農民や自営業者の加入が任意であることもあって、加入率は2018年になっても全労働人口の2割強でしかない。他方、医療保険のカバー率は全国民の8割を超えたが、医療サービスを受けるためには、貧困者・退職者・幼児などを除いて、2割の自己負担が必要になった。

このように、中国やベトナムにおける社会福祉の再構築のスピードは緩やかだったために、政府負担（公的社会保護支出）のレベルは、ロシアやポーランドよりずっと低く維持されてきた。それでも中国やベトナムで社会的混乱を回避できている理由の一つとして考えられることは、その経済成長率の高さである。中国とベトナムは、新興国の中で1990〜2015年のGDP成長率が最も高かった国である。経済が好調であるおかげで、個人や家計は、経済活動に参加することで自己の福祉を調達できていると考えられる。

それに加えて中国やベトナムでは、高齢者扶養率（15～64歳の人口に対する65歳以上の人口の比率）がロシアやポーランドと比べて低いことも、自助を容易にしている。労働可能人口に対する高齢者の比率が低いということは、それが高い国と比べて、医療や生活扶助を必要とする人々を家族内で支えることが容易であることを意味する。確かに中国やベトナム（特に前者）でも人口の高齢化が懸念されているが、それでもロシアやポーランドの19・5％と22・7％よりずっと低く、12・9％と9・5％にとどまっている（２０１５年の数字）。

中東・北アフリカ諸国

ラテンアメリカ諸国やロシア・ポーランドに次いで公的社会保護支出のレベルが高いのが一部の中東・北アフリカ諸国である。その理由の一端は、中東・北アフリカ諸国の多くでも、かつてラテンアメリカのポプリスモ政権と同様、輸入代替工業化と中間層・労働者の福祉向上を両輪とする政策を実施した経験があることである。

エジプトでは１９５０年代から70年代にかけて「アラブ社会主義」と呼ばれる政府主導の経済運営が行われ、金融・産業・地下資源の国有化、雇用保障、生活必需品の価格補助、農地改革などが広く実施された。しかしエジプトは、ラテンアメリカ諸国と同じような経済の停滞と財政危機に直面したために、財政緊縮へ舵を切らざるを得なくなり、１９７０年代以降、社会福祉のための公的支出も削減された。しかし、それまでの福祉政策を後退させる施策に対しては、例えば食料品価格の調整（引き上げ）をきっかけとする1977年の暴動のように、社会からの強い反発が起こった。

さらにエジプトでは、世俗主義的な権威主義体制の下で政治活動を封ぜられていたイスラーム団体からの暗黙の圧力にも対応しなければならなかった。これらの団体はモスクを中心に、イスラームの喜捨と慈善の思想に則った貧者救済活動を草の根レベルで続けており、社会での影響力を強めていたのだった。権威主義政権が社会での不満のガス抜きのために、制限付きではあれ、複数政党制を導入すると、ムスリム同胞団系の政党が選挙で躍進するという現象がおこったので、エジプトの権威主義政権は、それを抑えるために事実上の軍政を続けざるを得なかった。

しかしそのエジプトでも、2010年代初めに発生した「アラブの春」の中で、2012年にムスリム同胞団を母体とする自由公正党が総選挙で勝利して、（軍事クーデタによって倒れるまで）約1年間政権を握るまでになった。こういった根強いイスラーム団体の影響力に対抗するために、エジプトの世俗主義政府は、市場経済化を進める一方で、公的な社会保護支出も比較的高いレベルで維持せざるを得なかったのである。

長期に続く世俗主義政権の下で、イスラーム主義的な勢力が次第に力を伸ばし、2002

年以降ついに政権を担うようになったのがトルコである。トルコでも、アラブ社会主義国と同じようなパターン——国家主導の経済運営が破綻して市場経済化を余儀なくされる——を辿り、１９８０年代以降失業や非正規労働が急増した。社会的不満が高まる中で、イスラーム系の団体が草の根活動を通じて勢力を拡大し、１９９４年には、親イスラーム政党である福祉党から立候補したエルドアンがイスタンブール市長に当選した。翌年には福祉党が総選挙で議会第一党になった。

そうした流れの中で、世俗主義政権も対応を余儀なくされ、社会保険制度では保護されない人々を対象とした社会扶助の拡大が行われた。医療費補助、食料・燃料の配給、家賃補助などが導入され、貧困家庭に現物・現金支給を行う「貧困との戦いと社会的相互扶助と連帯のための基金」が拡充された。２００２年の総選挙ではエルドアンが参加して新たに組織された公正発展党（ＡＫＰ）が過半数を制し、翌年首相となったエルドアンの下で、社会福祉政策はさらに拡大したのだった。

アジアの「開発主義的」福祉体制

ラテンアメリカ諸国、ロシア・ポーランドやエジプト・トルコと比べて、中国とベトナムを含むアジア諸国の公的社会保護支出は低い。イスラーム教徒が多数を占める国々（インドネシア、パキスタン、バングラデシュ）でも同じである。新興国平均を上回る社会保護支出をしているのは韓国と中国だけである（ただし中国の場合は平均線のほんの少し上にいるだけである）。ほとんどのアジア諸国では、政府が一人当たりGDPから期待されるより低い社会保護支出しかしていないということである。

従来アジアの福祉体制は、「生産主義的」ないし「開発主義的」という名で形容されることが多かった。社会福祉のための分配よりも経済成長によるパイの拡大を優先させ、政府による所得再分配ではなく、雇用や教育の向上を通して個々の家計の所得を増加させる方針がとられたのである。アジアの新興国には、ラテンアメリカのポプリスモ政権や中東・北アフリカのアラブ社会主義政権にあたる政権が、インドの国民会議派政権以外に存在しない。その国民会議派政権は、一時期社会主義的な傾向を強めたが、人口の多数を占める零細な「非組織部門」従事者までをカバーする社会保障制度を構築することはできなかった。

アジアには、中国とベトナムを除けば、共産主義政権が成立した新興国もなかった。逆に冷戦という国際政治状況の中で、反社会主義勢力が優勢となった国が多い。そこでは、労働組合や社会主義政党など、社会福祉国家化を求める勢力が抑制されたことで、社会福祉の拡充が抑えられた側面がある。しかし、社会主義国の中国やベトナムや、社会主義的な政権を経験したことのあるインドですら公的社会保護支出が低い事実は、「反社会主義」というだけでは、全体として公的社会保護支出が低いアジアの特徴を説明することができないことを示している。むしろアジアでは、社会主義国であろうとなかろうと、経済成長率が高かったがゆえに、政府による直接的な福祉の提供ではなく、経済活動への参加を通して個人や家計の福祉を実現することができたと言えるのではないだろうか。

その最も典型的な例はシンガポールである。アジア随一の高所得国でありながら、公的社会保護支出は極めて小さい。シンガポールでは中央積立基金という公的組織が早くから活動しており、国民の福祉は、この積立基金に設けられた個人勘定によって賄われるので、政府の負担は小さい。

この基金には、政府が定める給与の一定比率を雇用主と従業員が拠出することが義務付けられている。その比率は最も高い時（1985年）で50％、2014年には36％（50歳以下の従業員の場合）である。これは拠出率として著しく高く、文字通り強制貯蓄と言ってよい。

中央積立基金に設けられた個人口座は住宅購入、財形貯蓄、教育費などのために引き出すことのできる「普通口座」、定年退職後の生活資金や退職に備えた金融資産の購入にあてる「特別口座」、治療費や入院費として引き出す「医療口座」に分けられており、三つの口座に積み立てられる拠出金の比率が政府によって定められている。個々人は自分や家族の必要に応じて、自分の口座から貯蓄を引き出す仕組みなので、政府の負担は生活困窮者への保険料・医療費の補助など小規模に抑えられている。

なお1992年以降、一定以上の所得のある自営業者も医療口座を持つことを義務付けられたが、他の口座への拠出は任意である。他方、1990年には医療口座からの引き出しだけではカバーできない高額医療費を賄うための医療保険（メディシールド）が、2002年には介護保険（エルダーシールド）が、そして2009年には老齢年金保険（CPFライフ）が導入されたが、いずれも保険料は自分の積立口座などから払うことになっている。

個々人の労働と貯蓄に高度に依存するシンガポールの社会福祉制度は、持続的な経済成長と雇用の創出があって初めて可能になったという意味で、アジアの「生産主義的」「開発主義的」福祉体制の最も純粋な形態である。

1997～98年経済危機以後のアジア

しかし、そのアジアでも近年は公的な社会福祉拡充の動きが活発になっている点に注意する必要がある。これは1997～98年に東アジアを襲った経済危機の影響によるところが大きい。この経済危機の原因としては、欧米のヘッジファンドによる為替投機だとする説や、アジア諸国における縁故主義的な経済運営（クローニー・キャピタリズム）だとする説が対立している。いずれにしても、多くのアジア諸国が、この時突然の大不況に襲われたことだけは間違いない。個々の家計ではそうした危機に対応することができなかったので、社会的安全網を整備する必要性が叫ばれ、実際、多くのアジア諸国で社会保険制度や社会扶助制度の拡充が行われた。

例えばタイでは、1990年の社会保障法に定められていた民間企業の従業員に関する老齢年金制度が、危機のさなかの1998年に実施に移された。さらに、2001年に成立したタクシン政権は、医療手当や年金の全国民化や失業保険の導入による本格的な社会福祉拡充に動いた。医療については、既に医療給付制度や医療保険制度で保護されていた公務員や民間企業労働者以外の自営業者、農林漁業従事者など、国民全体の四分の三を占める人々が、30バーツ（当時のレートで約90円）の支払いだけで医療サービスが受けられる「30バーツ医療」が導入された。また失業保険制度が2004年に発足した。老齢年金の全国民化の準備作業もタクシン時代に開始されたが、これは今日に至るまで実現されておらず、軍事クーデタによってタクシン政権が倒れた後の2009年に少額の「老齢福祉手当」が導入されただけにとどまっている。

タイと同じくインドネシアでも、アジア経済危機が社会福祉拡大の契機となった。インドネシアでは危機の前まで医療保険制度や老齢年金・老齢給付制度で保護されていたのは、公務員・軍人や民間企業労働者など、労働人口の2割程度にすぎなかった。しかし危機直後に始まった社会的安全網プログラムの一環として、医療・保健サービスへの補助金給付が始まり、これが貧困者向け医療保障として徐々に拡大、制度化が進んだ。さらに2014年からは医療保険の全国民化に向けての試みが始まった。老齢年金保険については、2005年頃から非正規労働者や自営業者が任意で加入することができるようになった。

他方韓国では、アジア経済危機以前から社会福祉の拡大が始まっていたが、危機によって福祉国家化が決定的になった。アジアの新興国の中で韓国が社会福祉国家化の先陣をきった理由としては、シンガポールに次いで高所得国になった国であることに加えて、少子高齢化が最も早く進んだことがある。

さらに第5章で詳しく検討するように、韓国では1980年代から民主化が進み、政府が社会福祉向上の社会的圧力を受けやすくなっていたことも影響した。韓国でも公務員・軍人・教員や民間大企業労働者向けの医療・老齢年金制度は民主化以前から整備されていたが、政府が医療保険の普遍化（全国民化）に向けて動いたのは1987年の民主化宣言の直後だった。さらに、十人以上の事業所に年金保険が拡大されるのが1988年、失業に対処するための雇用保険法施行が1995年だった。1998年にアジア経済危機が悪化すると、雇用保険の対象がすべての事業所に拡大されると同時に、自営業者等にも年金保険を拡大することで年金保険制度の全国民化が達成された。また2008年には生活保護が拡充され、無年金者や低年金者のために一般財源に基づく基礎老齢年金が導入された。韓国は、アジア新興国の中で社会福祉国家化が最も進んでいる国なのである。

4　社会福祉国家への困難な道のり

新興国は、経済危機や市場経済化による社会不安に対処するために、社会福祉制度を拡充させてきたが、多くの新興国にとって福祉国家への道は茨に満ちている。医療・年金・失業など諸分野での普遍化（全国民化）が完成していない国が多く、また、そうした福祉国家ができたとしても、持続させるのが難しい。それは、先進国の経験が既に示していることでもある。

社会的連帯の「範囲」と「程度」

社会福祉とは、個人では達成できない福祉を社会での助け合い（社会的連帯）で実現しようとする試みであるので、まず社会的連帯の「範囲」が問題になる。既に触れたように、最も小さな範囲としては、家族を除けばコミュニティ（村落）や職場（企業）が考えられる（家族については後で議論することにする）。それが広がって公務員、軍人、企業団体、宗教団体などの互助組合がある。それがさらに広がって、中小企業や農民の団体が加わることで国民の相当部分が互助の範囲に含まれるようになる。どの互助団体にも加われない困窮者へは、税金に支えられた政府による「社会扶助」が提供される。

しかし、互助団体が分立している場合には、また互助団体に加われない人々が存在する場合には、連帯のための負担や恩恵の給付において格差が生じる。その格差をなくすには、全ての国民を統一された一つの互助団体に組織化すればよいが、複数の団体が分立したままでも、例えば政府補助によって団体間の格差を縮めることは可能である。「社会扶助」の給付水準をあげれば、互助団体に入っている人と入っていない人の間の格差も縮めることができるだろう。

しかし、その際には福祉サービスの質にも目を配る必要がある。例えば、一部の新興国では全国民が医療をほぼ無料で（公費で）受けられるという意味で医療の普遍化（全国民化）が進んでいるが、病院での待ち時間は長く、受けられる医療の質も十分ではないので、資力のある人は、個人加入の民間医療保険に頼ることになる。結果として、大きな医療格差が残る。

そこで、社会福祉の制度化を考える時には、社会的連帯の「範囲」だけでなく、その「程度」を考慮する必要がある。これは負担の有無や多寡にかかわらず、同じ苦境に対して同じ支援が与えられる程度を意味する。そうした体制を作ろうとすれば、給付を一律に低くしてしまうか、一律平等に高い給付を行うために政府の財政投入を増やすかが不可欠である。そのためには、保険料や税金を負担している人々が、給付の制約や自分の負担を、納得して受け入れることが必要になる。

社会的連帯の「範囲」や「程度」に関して、もう一つ重要な点は、家族内における女性の役割の問題である。家族を互助の最小単位とする考え方もあるが、それでは家族内における女性の過重負担を見逃すことになる。家族内での老人や子供や病人の世話は、女性の手に委ねられることが圧倒的に多いからである。したがって、「社会的連帯」の中には、家族内における女性の負担を社会化することも含める必要がある。

社会福祉国家形成に向けた利害調整

新興国が現在直面している課題は、福祉体制を社会的連帯の「範囲」と「程度」の双方において普遍化していくことである。すなわち、受給資格を持つ人々の範囲をできるだけ広げ、負担の大小にかかわらず、受給水準をできるだけ平準化し、かつ福祉サービスの質を改善することである。そうした改善が、医療、老齢年金、失業、他の困窮など、さまざまな分野で実現されることが必要である。

そのためには、負担と給付の双方で、政府財政の役割を拡大させざるを得ないだろう。財政的余裕のある人の保険料とその金融市場での運用益だけでは、保険料を負担できない人々も含めた給付費用を賄うのは不可能である。所得が低い人々へも、高い人々が受けるのと同等の福祉サービスを保障するには、政府が補助金を出す以外に方法がない。

しかし、これは容易なことではない。政府財政は税によって支えられているので、低所得層への補助金支出は、当然ながら所得の再分配を意味する。その再分配の程度は、税の種類（直接税か間接税か）や税の内容（累進税率はどのくらいか、一律課税か否か）によって異なるので、福祉の普遍化は、必然的に補助金額や税制についての政治的な対立をもたらしやすい。社会保険料についても、所得による保険料格差をいくらにするか、保険料を払える人と払えない人の間のサービス給付にどのくらいの格差を設けるか、サービス給付の際の自己負担に差を設けるかなど、異なった所得層の間での負担と便益の配分をめぐる利害調整が必要であり、それは政治によってしか対処することができない。

様々な利害関係者間の調整という問題は、社会福祉国家の形成にとって必須の課題である。同時に、前章で触れた経済的な課題に対処するための施策と、社会福祉を拡充するための施策との間にも、利害調整問題は存在する。新興国で「中所得国の罠」を回避するには、R&D投資の拡充や技術人材の育成を進める必要がある。そのために、政府が予算を増やしたり、企業の負担を減らしたりする必要性が高い。こうした措置は、社会福祉拡充のための財政負担や企業の負担との調整（トレードオフ）問題を引き起こす。これは、既に存在する普遍主義的な福祉国家を維持しようとしている先進国にも共通する問題である。

新興国が直面する経済的・社会的な課題は、政策技術的に解決できる問題ではなく、政治的な紛争と調整を不可避とする課題である。その政治が展開する場が、次章のテーマたる政治体制である。

第3章　民主化のゆくえ

政治体制については、民主主義と権威主義を対比させることが多い。問題は、前章の最後で触れた経済的・社会的発展のための利害調整が、どちらの政治体制の下で、より有効に進むのかということである。この問題は、第5章で詳しく検討するが、その前提として、本章と次章では、どの国で、どの政治体制が展開しているのかを明らかにする。

1　民主主義体制と権威主義体制

民主化の進展と後退

途上国や新興国の政治体制の最近の変化は、「民主化」の後退として語られることが多い。

1980年代から90年代初頭にかけて、ラテンアメリカ、アジアの一部、そしてソ連・東欧でおこった政治体制の変動は、「民主化の第三の波」として注目された。政治的民主化の波及は、経済の自由化の進展と合わせて、世界中の社会変化の基本的な方向を決めた、したがって、それ以上の変化はないという意味で、「歴史の終焉」が話題にされるようにすらなった。

ところがスペイン・ポルトガルと並んで「民主化の第三の波」の先陣をきったラテンアメリカでは、早くも1990年代前半には、「民主化」が順調に進んでいないことが、指摘されるようになった。アルゼンチンをはじめとするラテンアメリカ諸国では、選挙で選ばれた大統領が、国民人気を背景に、議会や司法の統制をはずれて統治する「委任民主主義」になっているというのである。

ラテンアメリカ諸国では、「委任民主主義」は一時的な現象で終わったが、21世紀に入ると、「民主化」への懐疑は他の地域へも広がっていった。確かに選挙は定期的に実施され、複数の政党が参加しているので、政府は民主的に選ばれているかのように見えるが、政権を握った勢力が様々な手段で批判勢力の活動を妨害することで、政権の長期化を狙う行為が広く観察されたからである。政治学者たちは、そうした体制を「選挙権威主義」「競争的権威主義」「ハイブリッド」「疑似民主主義」などと名付けた。「民主主義体制」の体裁をとっていても、実質的には「権威主義体制」の一種だというのである。

民主主義体制とは何か

政治体制を分類する時は、質的に異なる「理念型」を措定する場合と、民主主義的な手続きが守られている程度（量）によって把握する場合がある。前者の例はファン・リンスが示した「民主主義」「権威主義」「全体主義」の三分類である。しかし、現実の政治体制は、あいまいな性格を有しており、峻別することは難しい。「民主主義体制」と言っても、政府が多数派の支持を背景に、反対派の行動に制限を加えることがあるし、「権威主義体制」と言っても、先に述べたように、選挙や野党のような民主主義的要素を受け入れる場合がある。

本書は政治体制を、質的にではなく量的に把握する方法を採用する。しかし、そのためには、政治体制の性格を量るための基準が必要になる。それが「民主主義体制」である。

民主主義体制の定義として最も頻繁に引用されるのは、米国の政治学者ロバート・ダールの論考だろう。彼は民主主義体制を「異議申し立ての自由」と「政治参加」が広く認められ、実行されている体制として定義した。

「異議申し立ての自由」とは、政府を批判しても迫害を受けないことであり、そのためには言論、結社、集会、出版などの政治活動の自由が保障される必要がある。他方「政治参加」

においては、大多数の市民が参加する選挙が定期的に実施されることが、何よりも重要である。「異議申し立ての自由」によって、市民が政権側の主張だけでなく、政権に批判的な勢力の意見も聞くことができれば、市民は、たとえ自分たちが「政治参加」して選んだ政府の政策によって経済的・社会的損失を被ったとしても、反乱をおこすことはない。なぜなら、市民は次の選挙で平和的に政府を変えることを期待できるからである。その意味で、民主主義体制は自己持続的な体制であるかのように見える。

しかし事はそう簡単には運ばない。民主主義的な選挙で多数派となった勢力は、民主主義の名の下で、少数派の声に耳を貸さず、少数派に不利な政策を決定し実施するだけでなく、民主主義の根幹である自由や参加を制限する立法を多数決で行うかもしれない。これが「多数派による専制」として危惧されてきた事態である。例えば、国民の間にエスニシティや宗教やカーストに基づく半永続的な亀裂がある場合、「多数派による専制」は少数派による反乱を招きかねない深刻な問題となる。いかに政治的自由と競争的な選挙が保障されていても、少数派は常に少数派であり続け、平和的に政府を変えることを期待できないからだ。

こうした事態を防ぐためには、多数派であろうと少数派であろうと、万人に平等に認められる権利や利益を、（容易には改定できない）憲法で保障しておくことや、多様な社会的利害・意見の表明や保護のための制度（典型的には三権分立）を、やはり憲法に定めておくことなどが必要である。そこで本書では、民主主義の最低限の要件として、「異議申し立ての自由」と「政治参加」に、「少数派保護の基礎的制度」を加えたい。

この三つの要素が十分に満たされている体制が「民主主義体制」であり、ほとんど満たされていない体制が「権威主義体制」である。現実の政治体制は、その間のグレーゾーンにあり、民主主義的要素が強いか弱いかによって、個々の体制の性格を判断することになる。

特殊な体制としての民主主義

「異議申し立ての自由」「政治参加」「少数派保護の基礎的制度」という三つの要件がそろった政治体制が「民主主義体制」だとした場合、政権を握っている人々の立場からすると、これほど厄介で面倒な体制はない。もちろん、一度政権を失っても、次の選挙で返り咲くことを期待できる点では、政治家にとっても民主主義体制は自己持続的な体制である。しかし民主主義体制の下では、政権を握る者は常に批判の対象となり、将来の返り咲きも保障されてはいない。

通常政府は、その社会で最大の強制力（軍事力と警察力）を握っているのだから、一度権力を手にした者が、その強制力を使って、自己の思うままに政策を決定・実行し、同時に批判勢力を抑えて政権を維持しようとする誘惑にかられても不思議ではなかろう。その意味で、権威主義的な体制のほうが、通常期待される体制である。政権を握った者が、自らの行動に制約を課す民主主義体制は、きわめて特殊な体制だと言える。

そのように特殊な体制が、「民主化の第三の波」の時代になぜ時代の潮流になれたのか、その後も多くの権威主義体制が、民主主義体制の装いをして、「選挙」権威主義や「競争的」権威主義といった形容詞つきの権威主義体制になっていったのはなぜなのか。それについては、本章の3節で議論することにして、まず、特殊な体制である民主主義体制が、29の新興国のどこで成立しているのかを見てみよう。

2　指標に見る政治体制の変動

フリーダムハウス指標とポリティ2指標

多数の国の政治体制を比較する時、最も頻繁に使われるのは、フリーダムハウスの世界自由指標、ポリティVプロジェクトのポリティ2指標、そしてV-Dem研究所の自由民主主義指標であろう。いずれも、個々の国の政治体制の特徴を把握するために、多数の研究者と専門家が様々な指標について数値化を行い、それらを総合して、政治体制の年度ごとの民主主義度（権威主義度）を数値化（指数化）している。世界自由指標は1972年から現代までをカバーしているが、他の二つの指標は1800年前後まで遡って数値化を試みている。本書では、このうち世界自由指標とポリティ2指標を用いて、新興国において、民主化の「第三の波」以降の時期に、政治体制がどのように変動してきたのかを見てみたい。

フリーダムハウスの世界自由指標は、「政治的権利」指数と「市民的自由」指数の二つによって構成されている。「政治的権利」が保障されている程度は、(1)自由で公平な選挙が実施されているか、(2)すべての市民が十分な参政権を持ち、自由に結社し、自由に政治的選択ができるか、(3)自由に選ばれた政府と国会が政策を決定できるか、政府は透明性と公開性をもって機能しているか、腐敗に対する強く効果的な安全装置はあるかによって判断され、各年度について、各国ごとに1〜7の数値が与えられる。「政治的権利」の保障が最も高いのが「1」で、最も低いのが「7」である。フリーダムハウスは、2・5以下の体制を「自由」、5・5以上を「非自由」、中間を「部分的自由」という用語で特徴づけている。

他方「市民的自由」の程度は、(1)表現・良心の自由が守られているか、(2)結社・集会の自由が守られているか、(3)司法が独立していて、法の支配や法の前の平等が確立しているか、(4)個人の居住・就職・教育の自由や経済的・社会的権利は守られているかによって判断され、やはり1から7までに指数化されている。

この二つの指数の判断基準は、本書が採用した民主主義の定義――異議申し立ての自由、政治参加、少数派保護の基礎制度——にもほぼ合致しているので、二つの指数の合計値を政治体制の特徴を示す数値として使いたい。その場合、各国は2（最も自由）〜14（最も非自由）に分類されるが、下に述べるポリティ2との整合性を考えて、本書では、「2」が「最も非自由」な状態、そして「14」が「最も自由」な状態を指すように数値の転換を行い、同時に2〜14をマイナス6〜プラス6に変換する。

次にポリティ2指標は、いかなる体制も「民主主義」的な要素と「専制主義（autocracy）」的な要素を併せ持つという視点で、それぞれを1〜10で数値化した上で、民主主義度から専制主義度を差し引いた数値を、その体制の全体的な特徴を示す指数としている。例えば民主主義度が7、専制主義度が8だとすれば、その政治体制はマイナス1の特徴を持つことになり、全体として少し専制主義のほうに傾いているというとらえ方になる。

ポリティ2指標も、民主主義度と専制主義度を多数の変数に基づいて数値化している。「民主主義」については、（1）特定の集団や争点が排除されず、かつ自由な政治活動に基づく政治参加が制度化されているか、（2）政権トップの座をめぐる競争が、どのくらい競争的に制度化されているか（誰にでも機会が開かれているか、王室や軍部のように選出母体が限られているか）、（3）バランスアンドチェックや立憲主義などによって政権トップによる政策決定権はどのくらい制約されているかといった視点で選ばれた変数が使われており、フリーダムハウスの場合と同様、本書の民主主義の定義に合致する判断基準だと言える。

そしてポリティ2指標の「専制主義」は、（1）競争的参加が強く抑制されているか、（2）政治指導者が政治エリートの内部からのみ選出されているか、（3）政権を握った者に対する制約は少ないかを量る変数で点数化される。つまり、ポリティ2の「専制主義」の内容は、民主主義の対極である「権威主義」と同じである。そこで本書では混乱を避けるために、ポリティ2指標を使う場合でも、「専制主義」ではなく、「権威主義」の用語を使うことにする。

フリーダムハウスの世界自由指標とポリティVプロジェクトのポリティ2指標が、新興国の政治体制の特徴をどのようにとらえているかを見るために、まず１９８０年代初頭以来の29ヵ国の平均値の変化をプロットしてみた。それが図2である。

この図は、どちらの指標で見ても、１９８１～83年から２０１１～13年まで、権威主義度が減った（民主主義度が増えた）ことを示している。２０１０年前後には、「選挙」や「競争的」といった形容詞つきの権威主義体制が増えたという議論が活発に行われるようになったが、新興国全体としては「民主化の第三の波」が２０１０年代はじめまでは続いていたのである。

ただし図2は、体制の変化を示す矢印の長さが年々短くなっていること、２０１１～13年以降は変化の方向が逆転したことを示している。すなわち、民主主義度が増すスピードが90

図２　新興国の民主主義度・権威主義度の変化（新興国平均）

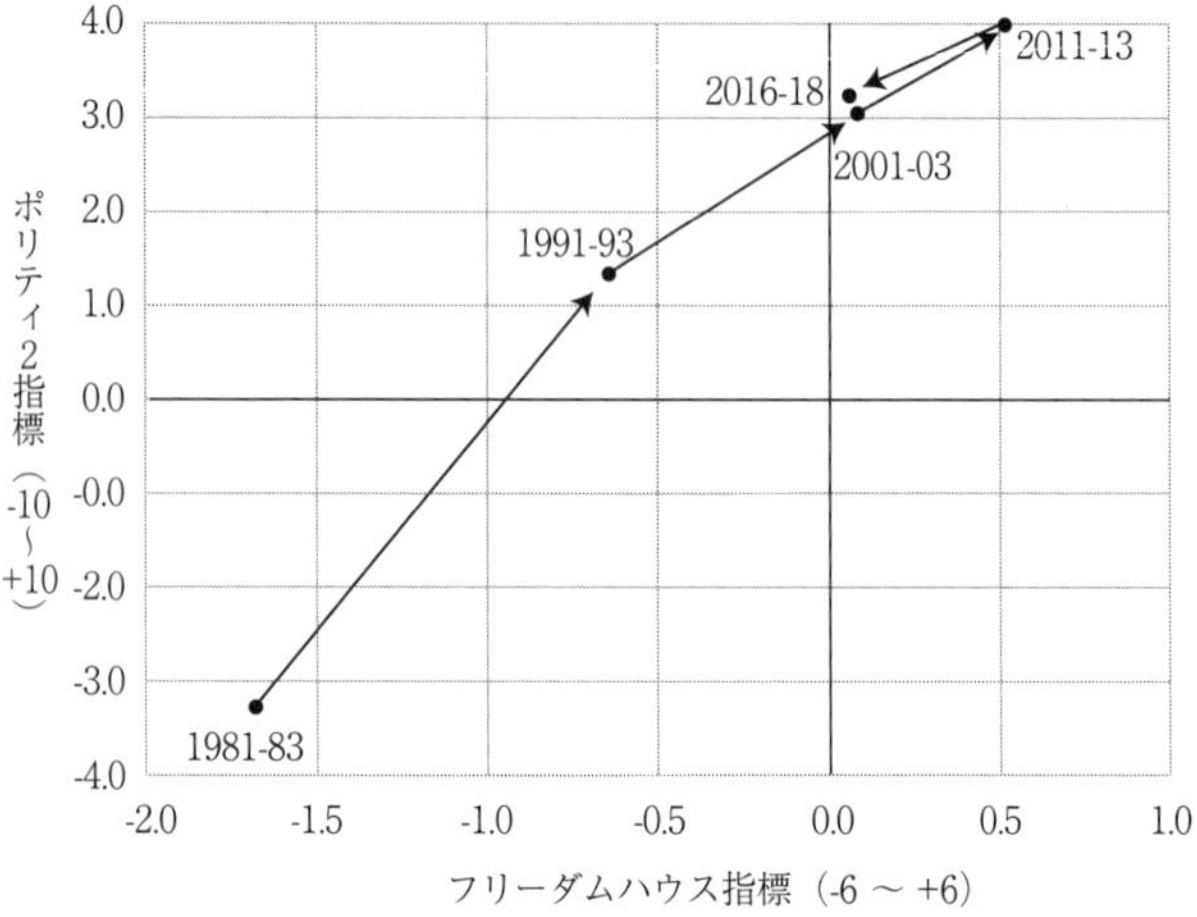

注：フリーダムハウス指標は－６～＋６、ポリティ２指標は－10～＋10；数字が大きいほど民主主義度が高く、小さいほど権威主義度が高いことを示す。フリーダムハウス指標は政治的権利指数と市民的自由指数の合計値
出所：フリーダムハウス指標データベース、ポリティ２指標データベースより作成

年代以降は年々鈍化し、２０１０年代には権威主義度が増す逆転現象が起こったのである。

政治体制変動の６類型

こうした変化がなぜ起こったかを理解するためには、新興国全体の動向を平均値で見るだけでなく、個々の新興国における政治体制の変動を調べる必要がある。図３は東南アジアの新興国とインドにおけるポリティ２指標の変化を表した図である。図２でフリーダムハウス指標とポリティ２指標の指数値の変化が類似していることが確認できたので、図３ではポリティ

図3　インドと東南アジア新興国のポリティ2指標の変化

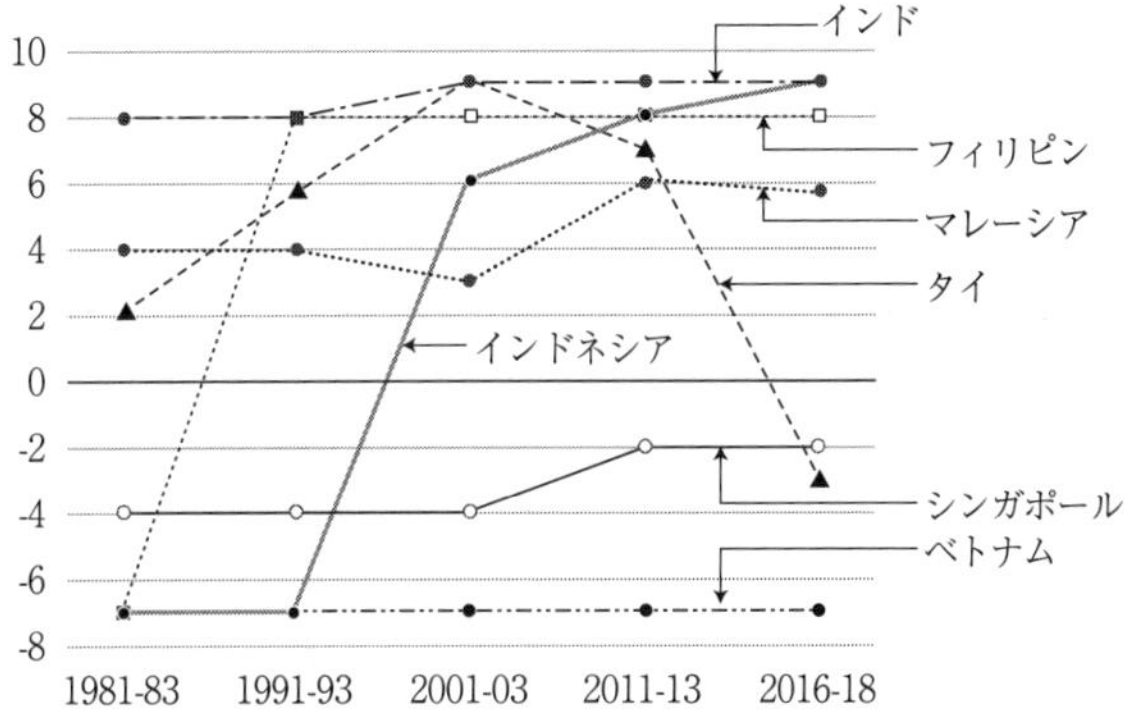

出所：ポリティ2指標データベースより作成

2指標のみを使っている。

東南アジアの六つの新興国とインドについてのみ図示したのは、ほとんどすべての新興国における政治体制の変動が、これら7ヵ国が示す六つの変動パターンによって把握できるからである。

インドは全時期にわたって民主主義的な体制を維持してきた。それと対照的に、ベトナムの政治体制は、全時期にわたって強い権威主義体制の特徴を示してきた。そしてマレーシアとシンガポールの政治体制は、インドとベトナムの中間の特徴をやはり全時期にわたって維持してきた。ただし、マレーシアでは民主主義度が権威主義度を上回っているのに対して、シンガポールは権威主義度が上回っているという違いはある。

この間に大きな変化を見せたのがフィリピン、インドネシア、タイである。フィリピンは、19

80年代に民主化を達成し、以後インド並みの民主主義度を記録してきた。それに対して民主化が遅れて、1990年代になってやっと民主主義度の大幅な向上を見せたのがインドネシアである。しかし民主化後は高い民主主義度を維持してきている。タイも1980年代から90年代にかけて民主化を進展させるが、インドネシアとは異なり、21世紀に入ると（特に2010年代になって）急速に再権威主義化を進めた。

東南アジア6ヵ国とインドが示す、以上六つの変動パターンにしたがって29の新興国を分類したのが表5である。

インド型の長期民主主義体制は、コロンビアでのみ観察された。1980年代以前から民主主義体制が維持されるということは、新興国では稀な現象だったのである。

しかし1980年代以降に民主主義度を向上させ、その後も高い民主主義度を維持し続ける新興国が増えた点に注意する必要がある。民主化が早かったフィリピン型の国々と、少し遅れて続いたインドネシア型の国々である。コロンビアを除く中南米のすべての新興国が、この二つの型に属する。それに韓国、台湾、ポーランド、南アフリカが加わって、11ヵ国（新興国全体の38％）が「民主化の第三の波」を体現する国々である。

インド型とは対照的に強度の権威主義体制を長期に維持しているのは、ベトナムと並ぶアジアの共産党独裁国である中国と、中東の王制国サウジアラビアである。

表５　政治体制変動のパターンと該当する新興国

パターン名	特徴	該当する新興国
インド型	民主主義体制が長期に持続	コロンビア
フィリピン型	80年代に民主化し、以後民主主義体制を維持	韓国、台湾、チリ、ブラジル、アルゼンチン、ポーランド
インドネシア型	90年代に民主化し、以後民主主義体制を維持	ペルー、メキシコ、南アフリカ
ベトナム型	権威主義体制が長期に持続	中国、サウジアラビア
シンガポール・マレーシア型	弱い権威主義体制が長期に持続	アルジェリア、エジプト、ロシア、カザフスタン
タイ型	民主化の方向に動いた後に再権威主義化	トルコ、バングラデシュ、イラン

注：ポリティ２指標７以上を民主主義、－７以下を権威主義、－６〜６を弱い権威主義と定義する

他方、権威主義度でも民主主義度でも中間レベルの国としては、アルジェリア、エジプト、ロシア、カザフスタンがある。これらの国々の体制は、短い脱権威主義の試みの後に、マレーシアやシンガポールのような中間レベルの型に落ち着いた。

最後に、１９８０〜90年代に民主化の方向に動き始めたにもかかわらず、フィリピン型やインドネシア型とは異なって、増加した民主主義度を長期に維持できずに、権威主義体制に逆戻りしたタイ型の国々がある。タイ以外にトルコ、バングラデシュ、イランが、それにあたる。図２では、２０１１〜13年と２０１６〜18年の間に、新興国の政治体制変動の特徴が、民主主義度の増加から権威主義度の増加へと逆転したことを見たが、その主な原因はタイ型の国々における民主主義度の大幅な下落なのである。

なお、表５に分類できない国としてナイジェリア、

パキスタン、イラクがある。これら諸国は近年民主化の傾向を強めているので、パターンとしてはインドネシア型に近いが、まだきわめて不安定な政治状況が続いている。

3　政治体制の持続や変動はなぜ起こるか

体制変動の「需要」要因

新興国が、途中でスピードを緩めながらも、2011〜13年までは全体として民主化の方向に動いてきたのはなぜなのか、それが近年逆転したのはなぜなのか、そして今後、新興国の政治体制はさらなる権威主義化の道を進むのだろうか。この疑問は、「権力を握った者が、批判を抑えて長期に居座ろうとするのではなく、自分自身の行動に大きな制約を課す民主主義体制を受け入れるのは、どういう場合なのか」という大きな疑問と結びついている。この疑問に答えるためには、体制変動（もしくは持続）を「需要」要因と「供給」要因の二側面で考えるのが有効である。

体制変動の「需要」とは、権威主義的な（あるいは民主主義的な）政府を求める声がどれだけ強いかということである。その強さは、少なくとも三つの要因（1）経済的・社会的充足感、（2）相対的剥奪感、（3）国外からの影響によって異なる。

経済的・社会的充足感とは、社会の成員が、自分や家族の経済状況や社会生活に満足しているかどうかということであり、そこには宗教やエスニシティといったアイデンティティの充足も含まれる。

それに対して相対的剥奪感とは、不平等や不公平に対する不満のことである。人々が経済生活の改善を感じていたとしても、それ以上に不平等が大きい場合には、政府がそういう状態をもたらした、もしくは改善の努力をしないという批判が高まるかもしれない。また自分たちの宗教や市民権を政府が保護していたとしても、難民や移民が増えれば、自分たちの価値や地位が脅かされると感じる人々が増えるだろう。それに政治家や官僚の政治腐敗が加われば、人々の相対的剥奪感はいっそう高まる。

国外からの影響としては、政策への直接的な影響と、思想の流入による間接的な影響がある。前者の典型は、ＩＭＦや世界銀行のコンディショナリティ（金融支援の条件）である。すなわち、途上国や新興国が経済的な危機に直面して、海外からの資金援助を必要とした時、国際金融機関が、特定の政策を実施することを援助の条件として求めるものだ。この際の政策とは、財政規律の確保、貿易・金融の自由化、公営企業の民営化など、いわゆるネオリベラルな経済政策であり、民主化のような政治体制の変動を直接的には含んでいない。しかし一方でネオリベラルな政策は、多くの途上国や新興国では、それまでの政策の大転換を意味するので、その実施のために強力な政府のイニシアティブを必要とする。それがラテンアメリカの「委任民主主義」のように、政治体制の権威主義化につながる可能性がある。

他方、ネオリベラルな政策を進めていけば、政府の権限や政策手段は縮小していくことが多いので、政権を握っている者が、その政策によって支持基盤を維持することは以前より困難になる。政府が他の勢力の挑戦を受ける余地は、それだけ広がり、それが民主化を促進するかもしれない。

国際金融機関よりもずっと直接的に民主化を求める国際機関もある。例えばEUや米州機構（OAS）は、そのメンバーが民主主義体制を持ち、それを維持することを義務として課している。それに違反すれば参加資格の停止を含む制裁が課せられる。実際EUは、司法制度改革によって裁判所の人事への介入を強めようとするポーランドの政権与党「法と正義」に対して、2017年以来、議決権の一時停止を含む制裁を準備したり、EU司法裁判所に提訴したりして、圧力をかけてきた。

体制変動の「供給」要因

他方、体制変動・持続に関わる「供給」とは、権威主義体制（ないしは民主主義体制）を支える制度的・思想的基盤がどのくらい強いかということである。それは（1）軍事・警察機関の強さと統制、（2）社会管理統制機関の強さ、（3）体制正統化の力によって左右される。

権威主義体制は、反政府勢力による批判を強制的に抑え込み、長期に政権を維持するために、政権トップの意向に従う十分に大きな軍事力や警察力を必要とする。軍部や警察の規模や装備が小さい場合には、武装闘争や大衆動員による反政府運動を抑えることが難しい。他方で、大きな軍部や警察があったとしても、両者が行政府から自立した人事・指揮系統を持っていたり、軍部と警察の間に意思統一が困難な組織上・思想上の相違があったりする場合、これらの組織が政権トップの望むように行動するとは限らない。イランで、1979年のイスラーム革命後、政権を握ったホメイニーがイスラーム革命防衛隊を組織したのは、既存の軍部や警察に100％の信頼を置くことができなかったためだった。

なお、軍人や警官も社会の構成員なので、彼らの社会的な満足感や疎外感が、彼らの行動に影響を与えるだろうという意味で、この「供給」要因は「需要」要因のインパクトも受ける。

社会的管理統制機関とは、人々の行動を管理統制しようとする組織で、今日に至るまで一党支配を続ける中国共産党やベトナム共産党が典型的な事例である。これら共産党は、全国にネットワークを張り巡らせ、官僚機構や社会組織の中に強固な党組織を浸透させることで、国民から自律的な行動の手段を奪い、その行動を管理統制している。

諜報・防諜組織は、社会管理統制機関であると同時に、軍部や警察と並ぶ強制執行機関でもある。旧ソ連邦や東欧では、共産党そのものは勢力を失い、多数の政党の中の一つになった国が多いが、軍部、警察、情報治安機関などの強制執行機関は、形を変えつつ後継体制によって引き継がれ、権威主義的な体制を支えるようになった例が見られる。ロシアのKGB（ソ連国家保安委員会）が再編されてできたFSB（ロシア連邦保安庁）が、KGB出身のプーチンを支える機関の一つになっているのが、その典型的な例である。

カザフスタンでも、共産党第一書記だったナザルバエフがソ連邦解体後個人支配的な体制を敷き、大統領として国家保安委員会（旧カザフKGB）を含む安全保障会議の議長を兼任した。ナザルバエフは2019年に大統領職を退いたが、その後も2022年1月に失脚するまで、国家安全保障会議の議長として留まった。

社会を管理統制しようとする時、マスメディアやソーシャルメディアを管理下に置くことも、人々の目や耳に入る情報をコントロールする手段として重要である。政府が批判勢力からの情報をシャットアウトして、自分からの情報のみを国民に流すことができれば、たとえ選挙があったとしても、それを自分に有利に進めることができるだろう。

ソーシャルメディアは、政府によるマスメディア管理をかいくぐって、報道規制されたニュースを海外から受信するために、あるいはチュニジアの大衆暴動に端を発する「アラブの春」などで見られたように、反政府のデモや集会を呼びかける手段として脚光を浴びた。しかし政府側も、ソーシャルメディアを遮断したり、特定の言葉を含むウェブページやSNSメッセージを読めなくしたりする管理方法を学んだ。

正統性の源泉

体制変動の第三の「供給」条件は、体制正統化の力である。強制力だけに頼る体制の下では、政策の実施がスムーズにいかないことが多い。支配を受ける市民は、武力による抵抗から物言わぬサボタージュまで、さまざまな形で政策実施を妨害できる。そこで政府を握った勢力は、人々が納得ずくで服従するように、自分の支配を正統化しようとする。そうした正統化の原理を考える出発点としては、マックス・ウェーバーがあげた「カリスマ」「伝統」「法」の三つが適当であろう。

「カリスマ」は、人々を絶対的に帰依させる指導者の個人的資質のことである。ある人物が、困難な独立闘争や革命を勝利に導くなどの活躍をした場合、人々は、その人物は超人的な能力を身に付けていると信じて、付き従うようになる。イランのホメイニーや南アフリカのネルソン・マンデラは典型的な例である。しかし独立闘争や革命の指導者でなくても、経済成長や社会的安定をもたらした「啓蒙的な指導者」として人々の人気を集める場合もある。情報を管理統制する技術が発展した今日では、啓蒙的で絶対的な指導者としてのイメージを、意図的に作り出すことも不可能ではなくなっている。中国の習近平はその好例だと考えられる。

正統性原理としての「伝統」は、通常は君主制を正統化する原理としてとらえられている。しかし「伝統」に訴える正統化は、必ずしも古くから続く王朝に限られているわけではない。やはり古くから続く（と信じられている）「宗教」や「民族」も正統化の根拠として頻繁に使われてきた。ホメイニーは単にパフラヴィー皇帝を打倒する革命の指導者としてだけでなく、イスラーム法学を究めた宗教者だったことも、彼のカリスマを補強する役割を果たした。21世紀にも絶対王政を維持する特異な新興国サウジアラビアのサウード王家は、一八世紀半ばに興って以来、興亡を繰り返しながらも、アラビア半島の支配地域を拡大してきたという「伝統」に加えて、当初からワッハーブ主義に基づく厳格なイスラーム教義を国是としてきた。

他方、中国の習近平は、中華ナショナリズムの推進を、最高指導者であることの正統化に使っている。彼は、２０１２年に「中華民族の偉大な復興」を「中国の夢」として語って以来、民族意識を鼓舞する発言を続けてきた。そしてナショナリズムを、南シナ海の占有を強行したり、台湾や尖閣諸島周辺で軍事的威嚇を行ったりするなど、実際の行動でも示してきた。2017年の共産党第19回大会でも「民族の復興」という「偉大な夢」に何度も言及し、2035年までに技術革新における世界のリーダー国となり、2050年までに軍事力を含む国力と国際的影響力の総合力で世界のリーダーとなることを宣言した。そして2018年の全国人民代表大会（国会）では、憲法から国家主席の任期を二期十年に限る条項を削除させ、長期支配の意図を鮮明にしたのだった。

他方ナショナリズムは、「供給」要因であると同時に「需要」要因にもなりうる点に注意する必要がある。ナショナリズムには、国民の間にそれを醸成することは比較的容易だが、ひとたび人々の間に浸透すると抑制することが困難だという特徴がある。指導者が煽ったナショナリズムは、社会からの「需要」要因として戻ってくるので、指導者はさらにナショナリズムに合った言動をとらざるをえなくなるのである。

法の支配

正統性の第三の原理は「法」である。支配者は制定された法規にしたがって命令を出し、人々は法規にしたがった命令であるがゆえに受け入れる。法は合目的的であって、その時々の個人の考えや利益に影響されない点で合理的であるとされる。

しかし今日では、法治を原則として掲げない体制はない。その意味で、最も権威主義的な体制ですら「合法的」な支配を行っていることになる。ただ、法規が支配勢力の都合と恣意によって作られ、かつ上からの指示で容易に変更され得るような体制は、一部の支配者の考えや利益によって影響されている体制であり、「法」に基づく合理的な支配とは呼べないだろう。例えば、中国・習近平政権は、２０４７年まで香港に「高度な自治」を維持することを約束していたにもかかわらず、２０２０年に香港国家安全維持法を「制定」して、一国二制度を反故にした。

イランもイランイスラーム共和国憲法とそれに基づく法律によって統治されることになっているが、法律の合憲性の解釈は、「最高指導者」が直接的・間接的に任命する12名で構成される「監督者評議会」に任されている。また「最高指導者」は、国民による普通選挙で選ばれる「専門家会議」が任命、あるいは解任し、また監督することになっているが、そもそも「専門家会議」選挙の候補になるためには、「監督者評議会」の承認が必要となる。要するに最高指導者は自分で自分を監督しているのだから、解任される恐れなしに、自分の意にそった法律だけを受け入れ、意に沿わない法律を拒絶できることになる。

中国やイランの例が示すように、権威主義体制は、「法」による正統化が不十分でも、「カリスマ」や「伝統」に頼ることで存続し得る。それは民主主義体制にとって「法」の支配が必須条件であることと対照的である。民主主義体制は、異議申し立ての自由や政治参加、そして少数派保護の基礎制度が憲法や法律によって保障されていなければ存立し得ない。ただし、すべての権威主義体制が「法」を軽視しているわけではない。異議申し立ての自由や少数派保護の制度を部分的に認めた統治をすることは可能であり、実際に何ヵ国もで観察されてきた。それが「選挙権威主義体制」や「競争的権威主義体制」である。

4　人々の政治体制観

民主化の限界

新興国の政治体制の変動は、以上で検討した政治体制の「需要」要因と「供給」要因を併せ見ることで、解釈することが可能である。

１９８０年代のはじめ、ほとんどの新興国は権威主義体制を持っていた。そうした権威主義体制が80年代から90年代にかけて様々な経済危機に見舞われ、海外からの支援の条件として受け入れた市場経済化政策が人々の不満をいっそう高めた結果、「需要」要因が権威主義体制の変更に、すなわち民主化の方向に作用した。

そうした民主化圧力を免れることができたのは、権威主義体制を支える「供給」要因に恵まれていた国――社会管理統制機関としての政党や強制執行機関としての軍部が比較的強固な組織を維持し、王権や宗教やナショナリズムのような伝統的正統性に恵まれた国――だけだった。これらが相まって、新興国全体として政治体制の民主主義度が高まったのである。

しかし、民主化が進んでも、人々の経済生活は急速には改善せず、むしろ市場経済化による相対的剝奪感の広がりもあって、民主主義度増加のペースは年々落ちていった。それは、民主主義体制の法制度の正統性が、人々の強固な価値観に支えられる状態にはなっていなかったからでもあり、「需要」条件や「供給」条件次第で、再権威主義化が起こる可能性を残していたのである。それが2010年代初頭の状況だった。

世界価値観調査は何を示すか

当時、政治体制について人々がどのような価値観を持っていたかを見るために、「世界価値観調査（World Values Survey）」という世界大の世論調査を分析した。その結果が表6である。2010年から2014年にかけて行われた第6次調査の結果を、データのある24の新興国に、（比較のために）先進民主主義国であるドイツ、米国、日本を加えて示している。

この調査は、民主主義の「本質的な」要件が何かを複数の項目について問い、それぞれの項目の重要性を1～10の数値で答えさせている。表6は、8以上（最も重要）と答えた人の比率を示している。この表で、まず明らかなことは、「自由選挙による指導者の選出」を重要だと考える人が、他の項目を重視する人よりも圧倒的に多いことである。

しかし、自由選挙と同時に「政府の抑圧からの市民的権利の保護」も重視する人はずっと少ない。民主主義を選好する人は、自由な選挙と市民的権利の保護をともに重視するはずであるから、この世論調査の結果は、自由選挙を重要と考える人が多いにもかかわらず、それが必ずしも民主主義的価値観とは結び付いていないことを示唆している。

新興国の権力者の多くが「民主主義」を標榜し、競争的に見える選挙だけは実施するが、市民的権利を頻繁に侵害していること、その結果「選挙権威主義」や「競争的権威主義」と呼ばれる政治体制が多く見られるようになったことは前述した。これは、権力者が権力にとどまるために、人々の限定的な民主主義観を利用していることを意味している。

しかし、自由選挙と市民的権利の保護を同時に重視する人が、自由選挙を重視する人よりずっと少ないのが、先進民主主義国でも見られる現象であることは、表６のドイツ、米国、日本の数値が示している。日本の場合は、自由選挙を重視する人の比率も、自由選挙と市民的権利保護の両方を重視する人の比率も、新興国平均より低い。

新興国と先進民主主義国の違いは、民主主義の「本質的」な要件に関して、「統治者への服従」「軍部支配の正当性」「所得平等化」を重視する人々の比率に表れる。すなわち民主主

表6　新興国世論の政治体制観

	自由選挙	自由選挙＋市民的権利	統治者への服従	軍部支配の正当性	所得平等化
ポーランド	78	51	13	11	24
台湾	76	42	24	5	37
ブラジル	70	42	27	27	36
ロシア	70	40	38	18	54
インド	67	35	45	36	55
エジプト	84	34	54	n.a.	62
トルコ	70	33	32	26	58
アルゼンチン	76	33	37	9	39
チリ	79	32	52	10	45
カザフスタン	66	30	38	11	51
タイ	65	29	46	32	43
フィリピン	57	29	47	27	41
マレーシア	68	29	70	25	46
アルジェリア	61	28	26	15	41
パキスタン	73	27	54	53	48
韓国	70	26	12	8	18
メキシコ	60	25	32	40	35
ペルー	66	19	36	16	30
イラク	73	19	27	29	45
中国	50	18	35	17	56
ナイジェリア	61	17	53	29	27
南アフリカ	46	16	44	36	41
コロンビア	58	16	33	22	23
シンガポール	55	15	20	33	18
新興国平均	67	29	37	23	41
(参考)					
アメリカ	73	43	22	13	11
ドイツ	90	58	4	6	31
日本	57	22	3	3	10

出所：World Values Survey, Wave 6（2010-14）

義とは「統治者（rulers）に従うことだ」と考える人が先進民主主義国では非常に少ない。特にドイツと日本では、それぞれ4％と3％しかいない。また「政府が無能な場合は軍部がそれに代替する」ことを民主主義と考える人も、ドイツと日本でそれぞれ6％と3％しかいないのに対して、新興国では平均して23％もの人々が、政府が無能な場合は軍部支配が正当化されると考えている。また、「政府が所得を平等化すること」を民主主義の本質的な要件として重視する人も、新興国では先進民主主義国よりもずっと多い。

新興国には、所得の平等化のような政策がうまくいかない場合には、強い統治者や軍部による統治を受け入れる素地が、先進民主主義国よりも大きく残っていると言えそうである。

デフォルトとしての民主主義

それでも新興国の中には、インド、ラテンアメリカ諸国、ポーランド、韓国、台湾、フィリピン、南アフリカのように、頑固に民主主義体制を維持している国もある。本章の1節で論じたように、民主主義体制は、権力の座に就いた者が、反対者や少数者の権利を保障するために自制的行動をとる、特殊な体制である。これらの国々は、表6から判断して、社会における民主主義的価値観が非常に強く見えるポーランドから非常に弱い南アフリカまで、様々な国を含んでいる。しかし、これらの国に共通しているのは、種々の理由で、どの勢力も反対者を武力で抑えることができない状態があることだ。その結果、デフォルトとして、誰もが他者の権利を認めざるを得ない民主主義体制が長続きしている。

詳細は次章で説明するが、権威主義体制の下で厳しい抑圧を経験したラテンアメリカ諸国、ポーランド、フィリピンでは、二度と同じ困難を繰り返すまいという気持ち（権威主義体制を忌避する「需要」要因）が強くなり、結果として民主化後の体制が持続するようになった。それに加えて、軍部が権威主義体制を担ったラテンアメリカ諸国と韓国では、過剰な暴力をふるった軍部への評価が暴落し、再権威主義化を担うべき強制執行機関（「供給」要因）が、その力を失った。

またラテンアメリカの中でも特殊なコロンビアと、インド、南アフリカ、台湾は、社会の中に深い亀裂があって、どの勢力も他者を社会管理統制機関や強制執行機関（「供給」要因）を使って圧倒できないがゆえに、民主主義体制が持続している。

さらに対外的な関係（「需要」要因）が民主主義体制を助けたのがポーランド、メキシコ、台湾、南アフリカである。

しかし、最も民主主義的価値観が強くなったかのように見えるポーランドですら、政権を握った「法と正義」党が、司法やマスコミへの介入という民主主義に反する行為を行うようになっていることを見ると、民主主義体制が安泰であるとは、とうてい言えないだろう。実際、右で見たように、新興国における政治体制は2010〜13年を境に、それまでの民主化の流れが反転し、権威主義度が増加するようになっている。もともと民主主義の基盤が安定していなかったタイ、トルコ、バングラデシュ、イラン、エジプト、ロシア、カザフスタンなどの国々で、体制の再権威主義化が進んだ。

権威主義体制は安定するか

現在は、世界経済全体の減速にコロナ禍が重なったために、「需要」要因としての経済的状況は、民主主義体制であろうが権威主義体制であろうが、既存の体制にとって不利になっている。しかし、ナショナリズムの広がりは、権威主義体制よりも民主主義体制を揺るがす要因になっている。ナショナリズムは、正統性の「供給」と国民感情の「需要」の両面から、権威主義的支配をめざす勢力を後押ししているからである。彼らは、国内の少数派——インドのイスラーム教徒、ポーランドの難民、トルコのクルド民族など——を攻撃することによって、あるいはロシアのウクライナ侵攻やインドのパキスタン爆撃のような対外武力行動によって、ナショナリズムを煽り、国内の支持を広げようとしている。

しかし、だからといって権威主義体制が安泰であるわけでもない。経済状況は権威主義体制にとっても不利であるし、長期政権下で起こりやすい権力を利用した腐敗は人々を怒らせる。中国の習近平は、政権基盤を固めるために大々的な反腐敗キャンペーンを張らなければならなかった。

しかし先に述べたように、ナショナリズムは権威主義体制に有利な条件であるし、国民監視やマスコミ操作のためのICT技術の発展は、権威主義体制の社会管理統制能力を高める効果を持っている。それに加えて強固な強制執行機関である軍部が権力者を支えている国では、権威主義体制が今後も維持されるだろう。逆に経済状況や腐敗という「需要」条件や、ナショナリズム、社会管理統制機関、強制執行機関という「供給」条件が弱い国々では、権威主義体制は不安定なまま推移するはずだ。

1980年代から90年代にかけての「民主化の第三の波」の時代には、民主主義体制への転換を遂げたり、体制の民主主義度の増加を経験したりする新興国が多かった。その後、民主主義体制を維持し続けている国々がある一方、再権威主義化（体制の権威主義度の増加）に陥った国も多い。なぜそうした現象が生じたかは、政治体制の「需要」要因と「供給」要因を併せ見ることで、理解することができるのである。

第4章　政治体制変動の実態

本章では、前章の議論を踏まえて、各国・各地域の政治体制が、具体的にどのような変動を遂げてきたのかを、権威主義体制への「需要」要因と「供給」要因に着目して、見てみよう。まず、多くの新興国に共通の「需要」要因として、１９８０年代から90年代にかけて多くの新興国が経済危機に直面したという事実をあげることができる。当時新興国では、権威主義体制が支配的だったために、国民の批判が権威主義体制に向かい、結果として民主化を促した。それに加えて、先進国や国際金融機関が財政支援の見返りとして要求した政策の透明性や説明責任の強化が、全体として民主化を促す効果を持った。つまり「需要」面では、ほとんどの新興国で権威主義体制の維持を難しくする状況があった。それに対して「供給」要因は、国や地域によって多様であった。

1 ラテンアメリカ諸国

累積債務危機のインパクト

ラテンアメリカでは、1950〜60年代のポプリスモ（大衆主義）政権による輸入代替工業化の行き詰まりによって、左翼的な社会運動が活発化し、それを抑えようとする軍事政権が増えていた。その軍事政権が1980年代はじめの累積債務危機によって激しく動揺し、ペルー、アルゼンチン、ブラジル、チリなどで軍事政権から民主主義体制への転換が進んだ。

メキシコの権威主義体制は、1910年代に起こった「革命」の後継者としての正統性の主張と、労働者団体や農民団体を傘下におさめる「制度的革命党」の社会管理統制力によって、すなわち体制の維持に有利な「供給」条件によって、ポプリスモの限界を乗り越え、1980年代の危機すらも乗り切るかに見えた。しかし1994年に再度の通貨危機に襲われた時、限界に達した。

この時制度的革命党政権は、自ら選挙制度の公平化を進めることで、政治社会不安の深刻化を避けようとしたが、結果として1997年の議会選挙で下院の過半数を失い、2000年の大統領選挙では、長い間野党だった国民行動党に政権を譲らざるを得なくなった。米国と3000キロに渡る国境を接する国として、またNAFTA（北米自由貿易協定）の構成国として、ひとたび民主主義体制を成立させた後に、強権をもって再権威主義化することは、国際的にも困難だった。

ラテンアメリカ新興国の中で、コロンビアだけは民主主義体制を長期に維持した例外国である。それができたのは、特殊な歴史的事情によって、保守勢力による二大政党制が早くから発達したからである。両者は19世紀以来決着のつかない武力衝突を何度も続けた。その結果、互いに消耗して、武力をもってしては相手を抹殺できないことを悟り、平和共存の道を選んだのだった。結果としてコロンビアではポプリスモ政権も軍事政権も成立せず、経済政策も堅実で、累積債務危機も軽微だった。保守的な政権に対する不満は、1960年代以降コロンビア革命軍（FARC）のような左翼武装ゲリラの登場をもたらすが、これには軍部に加えて右派自警団が対抗したので、一部地域では再び決着のつかない状態が続いた。その後ゲリラと政府の間の和平交渉が行われ、2017年にFARCの大半は合法政党化して、民主主義体制の中に統合された。

ヌンカ・マス

他方、1980年代に民主化を果たしたラテンアメリカ諸国では、新生民主主義体制も累積債務危機への対処に失敗したために、三桁や四桁に達する超インフレに見舞われることになった。人々の生活は危機に瀕したが、それでも軍事クーデタは発生しなかった。それは、国民の間に軍政時代の弾圧の記憶が強く残っていて、「二度と繰り返すまい（ヌンカ・マス）」という意識が浸透していたからである。それに加えて、権威主義体制時代の軍部指導者に対する司法追及が進んでいて、軍部として動ける状態になかった。

さらに、メキシコの制度的革命党の没落に見られるように、社会管理統制機関としての政党の機能も弱まっていたし、権威主義体制を正当化する「伝統」も「カリスマ」も存在しなかった。

ラテンアメリカでは、「需要」要因も「供給」要因も再権威主義化ではなく、民主主義体制の存続に有利に働いたのである。

2 東アジア諸国

1997〜98年危機以前

東アジア諸国も1980年代に債務危機に見舞われるが、フィリピンを除けば、いち早く輸入代替型から輸出志向型の製造業へ転換することで、短期間のうちに危機を脱することに成功した。そして「東アジアの奇跡」と呼ばれる高度経済成長の道に進んだ。その結果、フィリピンでは１９８６年にマルコス権威主義政権が倒れ、ラテンアメリカ諸国と同様、早い時期に民主化が始まったが、マレーシア、シンガポール、インドネシアの権威主義体制は生き残った。

これら３ヵ国は軍事政権ではなく、全国政党による権威主義的な支配だったので、社会の管理統制という権威主義体制の「供給」要因にも恵まれていたと言える。この点はメキシコと共通する。一般に軍事政権の方が支配政党による権威主義体制より脆弱である。それは、経済的には順調であったにもかかわらず、韓国の軍事政権が１９８７年に、タイの軍事政権が１９９２年に崩壊して、民主主義体制に道を譲った事実にも表れている。

さらにマレーシア、シンガポール、インドネシアには、奇跡的な経済成長を成し遂げた「啓蒙的」な指導者としてのマハティール、リー・クアンユー、スハルトの「カリスマ」も、権威主義体制の正統化を助ける「供給」要因として存在した。韓国とタイには「カリスマ」的指導者がいなかった。

他方、台湾の権威主義体制は、経済は他のアジア諸国と同じように順調に発展し、統治は国民党の党組織に支えられていた。つまり、権威主義体制の持続に有利な「需要」要因と「供給」要因に恵まれていた。それでも１９８７年以降漸進的に民主化が進むようになる。

これは、民主化にとって有利な別の「需要」要因と「供給」要因があったからである。まず台湾では経済的不満よりも民族アイデンティティ抑圧への反発が民主化の原動力となった。さらに中国から身を守るために米国の関与を必要とし、米国の民主化を求める圧力に応えざるを得なかったということもある。そして、この時期に中華民国総統として国民党政権を率いたのが台湾人の李登輝だったので、中国人アイデンティティの要求と台湾人アイデンティティの要求に対して、バランスを取りながら徐々に民主化を進めることができた。

1997～98年危機以後

しかし、80年代の危機を成功裏に脱した東アジア諸国も、1997～98年に再び通貨・経済危機に直面することになる。特に大きな危機に見舞われたタイ、マレーシア、インドネシア、韓国の政治体制は動揺する。インドネシアでは、スハルトが権威主義体制を維持してきたが、ビジネス活動で家族を優遇するようになり、そのカリスマ性が薄れていた。縁故ビジネスの是正を要求する国外からの圧力も、政府の統制力を削ぐ作用を及ぼした。反政府暴動も発生し、その結果スハルトは退陣して、民主化への道を開いたのだった。

マレーシアでも、経済危機をきっかけに、与党のUMNO（統一マレー国民組織）内部で、マハティール首相とアンワル副首相兼財務相の対立が顕在化するようになった。この時マハティールは強引な手段でアンワルを排除するが、それでもマレーシアの権威主義体制の動揺は終わらなかった。アジア経済危機からの回復が早かったにもかかわらず、ＵＭＮＯの長期政権の下で蔓延した縁故主義や政治腐敗に対する社会の批判はさらに高まり、ＵＭＮＯは２００８年の総選挙で、それまで維持していた安定多数（下院議席の三分の二）を失った。そして２０１８年の総選挙で、ＵＭＮＯは一時野党に転落したのだった。それでも、民族や宗教のアイデンティティが多様なマレーシアで、ＵＭＮＯはマレー人アイデンティティとイスラームを強調することで勢力を保ち、その結果マレーシアにおける民主化は中途半端なままにとどまっている。

他方、アジア危機の前から民主化が進んでいた韓国とタイでは、１９９７～98年の経済危機に、民主主義体制が対応することになった。しかし民主主義体制は、韓国では生き残り、タイでは崩壊するという対照的な道をたどった。

危機後に政権を握った韓国の金大中政権と、タイのタクシン政権は、人々の不満をかわすために、所得再分配的な政策をとり、保守層からの反発を招いた点で共通する。それでも韓国では民主化後、権威主義を担った軍人への追及が厳しく行われ、二人の元軍人大統領（全斗煥と盧泰愚）に死刑や長期懲役刑の判決が下されるほど軍部を忌避する雰囲気が強かったので、軍部が再権威主義化を担える状態にはなかった。再権威主義化の「供給」条件が弱かったため民主主義体制が生き残ったという点で、韓国はラテンアメリカの新興国と共通する。それに対してタイの軍部は、民主化後も自立的な影響力を維持し、保守派からの働きかけが強まった2006年と2014年に軍事クーデタを決行したのだった。その上、タイには王室という保守派が頼ることのできる「伝統」が存在した。権威主義体制の「供給」条件に恵まれていたタイでは、再権威主義化が強力に進んだのである。

3 旧共産主義国

ポーランドとロシア・カザフスタンの分岐

旧共産主義国の中でも、民主化をさらに進めたポーランドと、再権威主義化に動いたロシアとカザフスタンという対照が見られる。ソ連とポーランドは、既に80年代に深刻な経済危機に直面していた。さらに、80年代末から90年代はじめに共産党政権が崩壊し、国家計画経済の解体が行われると、それまでの生産・雇用体制が崩れ、経済危機はいっそう深刻度を増した。

しかし、国としてのまとまりを失わなかったポーランドは、いち早く西側諸国との経済関係を深めることで経済回復を行うことができた。ただ共産党政権崩壊後の市場経済化・民営化によって職を失ったり、社会福祉給付の削減を経験したりした人も多く、EUが課す財政規律によって生活・福祉補助も限られたため、国民の間に不満が蓄積した。それもあって、2005年と2019年にはEU懐疑派でポーランド・ナショナリズムを唱える「法と正義」党が総選挙で勝利し、司法の活動・人事や公共放送の運営への介入を行っている。それに対してEUは、民主主義擁護の観点から批判を続けている。

このような経緯を持つポーランドだが、共産党による一党独裁は第二次世界大戦後ソ連によって押し付けられたものという認識が強かったために、共産党支配と結びつく強制執行機関や社会管理統制機関は、共産党政権崩壊後姿を消した。権威主義的傾向を持つ「法と正義」党ですら、共産主義時代の遺制の除去を党是としているほどである。

ポーランドでは民主化後の体制に対する社会的・経済的不満は大きかったが、権威主義体制を「供給」するための要因がポーランド・ナショナリズム以外に存在せず、EU協力派の影響力も根強いので、再権威主義化は限定的だった。

それに対してソ連邦崩壊後のロシアとカザフスタンでは、経済の落ち込みがポーランドよりずっと大きかった。1991年から98年までの8年間のGDP成長率（年間平均）は、ポーランドが3・6%だったのに対して、ロシアとカザフスタンはマイナス6・6%とマイナス5・8%だった。それに加えてロシアでは、国有企業の民営化の過程で、政府と癒着したオリガルヒ（新興財閥）が勃興し、民主主義体制下での政治腐敗と不公平に対する市民の反発が強まった。

こうした権威主義化の「需要」条件に加えて、両国では共産主義政権時代の治安情報機関が姿を変えて生き残った。そこに「強いロシア」の再建を唱えるプーチンが現れて、ロシア・ナショナリズムに火をつけた時、一度は民主化への道を歩み始めたロシアの再権威主義化が始まったのである。そして、この再権威主義化の時期に原油の国際価格高騰が重なり、石油輸出国であるロシアとカザフスタンの経済が急速に改善して（1999〜2012年の年間平均GDP成長率はロシアが5・3％、カザフスタンが7・7％、一方のポーランドは3・9％）、権威主義体制持続を支える「需要」条件を提供したのだった。

中国とベトナムの共産党独裁の継続

権威主義体制の「需要」要因は、中国とベトナムで共産党政権が生き残ったことを説明する上でも重要である。この両国も他の共産主義政権と同様、80年代に国家計画経済の改革を実施するが、その取り組みはポーランドやソ連と比べて、ずっと緩やかであり、権威主義体制の崩壊を余儀なくする経済危機はなかった。慎重な改革は生産請負農家や郷鎮企業（人民公社解体後の農村企業）のような受益者を生む一方、経済自由化による敗者を多数生じさせるような事態は避けることができた。

両国の共産党政権は、反植民地闘争を経て成立したことで強い「ナショナリズム」の正統性を主張することができたし、共産党細胞のネットワークによって強制執行機関や社会管理統制機関を維持することもできた。それに高度経済成長という「需要」条件が加わって、両国の権威主義体制は揺らぐことなく続いてきたのである。

4　中東・北アフリカ諸国

民主化の挫折

中東・北アフリカ諸国も、権威主義体制が持続してきた点で、中国・ベトナムと共通するが、体制を支えてきた要因は異なる。

第二次世界大戦後、国家主導の輸入代替工業化路線をとっていたエジプト、イラク、トルコ、アルジェリアでは、ラテンアメリカ諸国と同様1960～70年代までに経済発展の限界に達していた。原油輸出が多かったイラン、イラク、アルジェリア、サウジアラビアは、原油の国際価格の高騰によって一時持ち直したが、その後の価格暴落によって80年代には深刻な経済危機に陥った。それに、数次にわたるイスラエルとの戦争で最前線に立ったエジプト、

1980年代に隣国同士の消耗戦を戦ったイラクとイラン、米国との湾岸戦争に敗れたイラクは、戦争による疲弊が重なって、経済危機を深刻化させた。国際金融機関からの支援を求めるために、国家補助金の削減や民営化などの市場経済化政策をとることを余儀なくされる国もあった。

こうした危機に直面した時、中東・北アフリカ諸国はおしなべて権威主義体制だったので、人々の経済的不満という「需要」条件は権威主義体制を排して民主化を促す方向に働くはずであり、実際多くの国で複数政党制の導入などが試みられた。しかし外国軍の介入で既存の権威主義体制が完全に崩壊させられたイラクを除く国々では、程度の差はあれ、いずれの国でも権威主義体制の復活が見られたのだった。この復活劇を説明するのは、軍部とイスラーム勢力の関係という「供給」要因である。

エルドアン以前と以後のトルコ

中東・北アフリカ新興国の軍部は、サウジアラビアを除けば、イスラーム勢力とは一線を画す世俗主義の立場で権威主義体制を支えていた。その典型がトルコである。

トルコでは軍人ケマル・アタテュルクが、1923年にオスマン帝国を廃してトルコ共和国を樹立した。以来、軍部は世俗的共和主義の擁護者として、イスラーム系政党が伸長しそうになるたびに軍事クーデタや介入を繰り返した。しかし、イスラーム系の福祉党が軍部との対立を避けて穏健な路線をとったこともあって、1983年の民政移管後は、軍部も比較的自由で公平な選挙と政権交代を受け入れるようになり、結果として政治体制の民主主義度があがった。そうした状態は、2002年にイスラーム政党の公正発展党（AKP）が総選挙で過半数を占め、エルドアンが首相に指名されるまで続いた。

エルドアン政権は当初、前政権が進めていたEU加盟交渉を引き継ぐことで、穏健な姿勢を印象づけようとした。その一方で、法制度をEU基準に合わせるという口実で、軍部が持っていた権限を削る法制度改革を強行した。これはイスラーム勢力の伸張を押さえようとする世俗主義の軍部を牽制する試みであった。世論はエルドアンの政策を支持したので、AKPは2007年と2011年の総選挙で勝利を続けることができた。自信を深めたエルドアンは、自己の権力の強化を狙って、議院内閣制から大統領制への転換を進め、2014年の選挙で自らを大統領にすることに成功した。

しかし、そうしたエルドアンの動きに対しては、政治的な抵抗も広がり、「実権大統領」制導入の是非が問われた2015年の総選挙で、公正発展党は初めて過半数を割った。また2016年にはイスラーム系社会運動の流れを汲む「ギュレン運動」の軍部内運動員が武装反乱を起こす事件も発生した。

このころからエルドアンは、トルコ民族主義的な主張を強めたり、イスラーム性に訴えたりすることで、政治的支持の回復を図るようになった。エルドアンは民族主義的な姿勢を示すために、トルコからの独立をめざすクルド人勢力に対して、トルコ国内およびシリア北部で武力掃討作戦を開始した。またオスマン帝国時代の文化と伝統の復活と中東・北アフリカ地域への外交的関与の拡大も唱えるようになった。

一方、エルドアンのイスラームへの傾斜を象徴的に示したのが、イスタンブール市のアヤソフィア博物館のモスク化である。アヤソフィアはアタテュルクによる共和革命の後に無宗教の博物館にされており、トルコの世俗主義の象徴だった。それをエルドアンは、2020年にモスクに戻す措置をとったのである。かつてエルドアン自身が市長を務めたことのあるイスタンブール市では、2019年の地方選挙で、公正発展党候補が本選挙とやり直し選挙の二度にわたって、世俗派の共和人民党（CHP）に敗れる事件がおこっており、エルドアンとしては強引にでも支持回復を図る必要があったのである。

この間エルドアンは、言論統制による社会の管理統制を強める政策も押し進めた。メディアへの介入は大統領制導入に対するエルドアン批判が高まりつつあった2013年に増え始め、2016年のギュレン運動によるクーデタ未遂事件のあとは急速に増加した。ギュレン派のマスメディアはもちろんのこと、政府に批判的なマスメディア一般への攻撃を強め、その多くを閉鎖に追い込んだのだった。ソーシャルメディアについても、しばしば遮断を行い、2020年にはSNS規制法を制定した。

中東・北アフリカの新興国の中で例外的に民主主義度の高い政治体制を持っていたトルコでも、2010年代以降、自分の権力基盤の強化をめざすエルドアンの下で、急速に権威主義化を経験することになったのである。

他の中東・北アフリカ諸国

他方アルジェリアでは1962年に独立して以来、民族解放戦線（FLN）とその軍事部門を前身とする軍部による支配が続いた。しかし、1988年に食糧不足とインフレに抗議する暴動が全国に広がったために、1989年に複数政党制を導入し、異議申し立ての自由を拡大する新憲法を制定することで不満の鎮静化を図った。ところが1990年の地方選挙と翌年の国会選挙でイスラーム救済戦線（FIS）が圧勝すると、トルコの軍部と同様に世俗的共和主義の立場をとる軍部が介入して国会選挙を無効にした。それに対してFISが（トルコのイスラーム勢力とは対照的に）武力による抵抗を選んだために、アルジェリアは10年に及ぶ内戦に突入したのだった。結局10万人が犠牲になったといわれるこの内戦は軍部の勝利に終わり、穏健なイスラーム政党も参加する複数政党制の形をとりながらも、FLNが支配する権威主義体制が継続することになった。

21世紀になって原油輸出価格が急上昇したことも、権威主義体制の持続に有利に働いた。アルジェリアの権威主義体制は、「需要」条件の悪い時期を軍部という「供給」要因に助けられて乗り切り、その後原油価格上昇という「需要」条件の改善によって支えられたと言えよう。しかし原油輸出価格が2015年になって急落すると、FLN政権に対する批判が高まり、2021年の議会選挙では、FLN中心の与党連合が過半数を割る敗北を喫した。コロナ禍による経済的不満も加わって、反政府デモが続いており、アルジェリアの権威主義体制は動揺している。

軍部が体制維持に大きな役割を果たしてきた点はエジプトも同様である。フランスに対する民族解放戦争の担い手だったという正統性を身につけていたアルジェリアの軍部と同様に、ナーセルを筆頭とするエジプトの軍部も、英国、フランス、イスラエルに対する1956年の第二次中東戦争を乗り切って、英国が支配していたスエズ運河の国有化を確実なものにするのに成功したことで、強い正統性を獲得していた。以後、軍部が後ろ盾となって組織した翼賛団体や政党による一党支配が、2011年に「アラブの春」の中でムバーラク大統領が辞任するまで続いたのだった。

この間エジプトも数次にわたる経済危機に対応することを余儀なくされた。1970年代には当時のサダト政権が部分的経済自由化によって「アラブ社会主義」路線の転換を図り、1991年にはムバーラク政権がIMFからの融資の見返りとして、政府補助金の削減や民営化などの構造調整政策を受け入れた。その結果、生活必需品の価格が上昇したり、失業が増えたりして、国民の不満が高まったので、それをそらすために「複数政党制」の導入が与党の地位を脅かさない範囲で行われた。

エジプトのイスラーム勢力は、1981年のサダト大統領暗殺と1995年のムバーラク大統領暗殺未遂に関与したことで、軍部による監視と抑圧の対象となっていた。しかし、30年に及ぶムバーラク政権下での格差の拡大と腐敗の蔓延に対する国民の不満が、「自由と公正」を求める大衆運動となって爆発し、ムバーラクが辞任すると、自由公正党という政党を結成したムスリム同胞団が急速に支持を伸ばした。そして2011〜12年に行われた議会選挙と大統領選挙に勝利して、ムハンマド・ムルシーが共和制下で最初の非軍人大統領となった。

しかしムルシー政権は、国家機構や社会のイスラーム化を急ぐ一方、経済運営では失政を繰り返した結果、リベラル派、コプト教徒、司法関係者らの反発を招いた。反政府運動の高まりに乗じた軍部が2013年7月にクーデタを敢行し、再び軍部に支えられる権威主義体制が復活したのだった。

エジプトでは、経済状況という「需要」要因は、権威主義体制にとってもムルシー政権にとっても不利に働いたが、強制執行機関である軍部が無傷で残ったという「供給」要因が、権威主義体制の持続を可能にしてきたと言えよう。

イラクでは、経済的な危機と同時に、外国との戦争による疲弊が権威主義体制を揺るがした。サダム・フセインの権威主義体制を支えた共和国防衛隊と軍部は、同時多発テロ後の「テロとの戦い」の一環として、2003年に米軍が行ったイラク攻撃によって壊滅してしまった。イラクを占領した米軍中心の多国籍軍は、政治体制の民主化を図り、自由選挙を実施した。この選挙で成立した新政権は、原油輸出価格の高騰という「需要」条件には恵まれたが、世俗派、シーア派、スンナ派、旧バアス党員、クルド系住民など国内の多様な集団の利害や意見を調整する社会管理統制機関を持たず、「法」に基づく統治を正統化できるまでに至っていないので、イラクの政治体制は不安定で不十分な民主主義体制にとどまっている。

トルコ、アルジェリア、エジプト、イラクの権威主義体制が世俗主義をとっていたのに対して、サウジアラビアと1979年のイスラーム革命後のイランは、イスラームという宗教を国教として、体制の正統化の源にしているという点で際立っている。また両国は中東・北アフリカ有数の産油国でもある。さらにサウジアラビアは、伝統的な王政という正統性にも恵まれており、イスラーム過激派を含む国内の不満は、強制執行機関や社会管理統制機関によって抑えられている。

イランの場合は、米国と激しく対立してきたために、しばしば米国による経済制裁の対象となり、豊富な埋蔵原油を、国内の経済成長のために十分に利用できない状態が続いてきた。その結果経済状況に対する国民の不満も蓄積してきたが、強制執行機関や社会管理統制機関の指揮がイスラーム最高指導者に集中する制度が、イスラームの正統性に支えられて維持されているため、国内の不満が権威主義体制を大きく揺るがす状態にはない。

以上のように、中東・北アフリカ地域では、最初から王室とイスラームが一体化していたサウジアラビアを例外として、世俗的な軍部に支えられた政権とイスラーム勢力の拮抗という形で、政治変動が進んだ。そして軍部が優勢になった場合は軍部が、その強制執行能力を使って反対派を抑え込んだ。他方イスラーム勢力が優勢になった場合は、その宗教的正統性を根拠にして反対派を抑圧した。こうして中東・北アフリカでは、地域全体として権威主義体制が支配的な状況が続くことになった。

5　インドと南アフリカ

インド民主主義の謎

インドは、新興国の中で１９８０年代以前から民主主義体制を維持してきた例外的な国である。インドは１９４７年に英国から独立した時、民主主義体制として出発したので、なぜそれが権威主義体制化しなかったのかを、権威主義体制の「需要」要因と「供給」要因を見ることで探らなければならない。

インドは独立後、国家主導の輸入代替工業化政策を推進したが、同時期のラテンアメリカ諸国と同様、１９６０年代半ばには貿易赤字や財政赤字に加えて農業生産の停滞によって経済は危機的な状況に陥った。その危機に拍車をかけたのが１９７３年の石油ショックだった。物価が高騰し食糧危機が深刻になったインドでは、独立以来政権の座にあったインド国民会議派政権が、大規模な暴動やスト・デモに直面し、党内も分裂や対立で揺れた。それを１９７５年に非常事態宣言を発して、強権で乗り切ろうとしたのがインディラ・ガンディー政権だった。

しかしインディラ・ガンディーは、そのまま権威主義体制化する道には進まず、一年半後に実施した総選挙で敗北した時、平和裏に身をひいたのだった。「需要」要因が民主主義体制の持続にとってきわめて不利な状態であったにもかかわらず民主主義体制が維持されたのは、「供給」要因が権威主義化にとって不利だったからだと考えられる。

第一に社会管理統制機関たるべき政党（インド国民会議派）は、インドの言語、エスニシティ、カースト、経済階層等の多様性を反映する雑多な勢力によって構成されており、中国共産党のように一元的に社会を管理統制する組織にはなっていなかった。これは、武力闘争によって進んだ中国の独立闘争とは異なり、インドの独立闘争が、長期にわたる平和的な自治拡大運動として進んだためである。それに加えて、英国植民地当局も州レベルでの政治参加を認めたので、独立闘争を中心的に担ったインド国民会議派は、社会的・地域的に多様な住民の間に浸透したのである。

さらに、ガンディーやネルーのような独立運動と建国の指導者が、自らの「カリスマ」を、強権による支配ではなく、「法」による支配の日常化（制度化）のために使ったことも、大きな役割を果たした。初代首相ネルーは、各地の紛争や分離主義的な動きを、強制力で抑えるのではなく、（事実上の）連邦体制下の州を言語やエスニシティの境界に沿って増やしたり、再編したりすることで回避する道を開いた。その結果、会議派の分裂と弱体化にともなって、州ごとの社会構成や紛争の様態を反映した多様な政党間競争が発生したが、それが一つの全国紛争に発展することは稀になった。個々の州で有力な勢力であっても、全国を制覇することは望むべくもなく、分離独立しようとすれば、孤立の中で連邦軍の介入を招くだけなので、独立以来の政治体制である民主主義体制をデフォルトとして受け入れざるを得なかったのである。

多様な州を抱えたインドでは、中央政府を握った政治勢力が地方の抵抗を抑えて権威主義化することも難しかった。そのためには、軍部の協力が不可欠であったが、強制執行機関たるべきインド軍も、その出自は英国将校の下で訓練されたプロフェッショナルな軍部であった。それは、人民解放軍（八路軍）が中国共産党の軍事部門として発展したのと異なり、インド国民会議派やその他の政党に服属する存在ではなかったから、独立後、法的には文民政府の配下に入ったとはいえ、権威主義化をめざす政治勢力の意のままに動く保証がなかった。さらにインド軍は、カースト毎や地域毎に編成された連隊、大隊、中隊を多数含んでおり、部隊を国内治安のために動員すれば、内部分裂や規律の弛緩を招く恐れがあった。

このようにインドでは、あらゆる「供給」要因が権威主義化に不利なものであり、結果として独立当初の民主主義体制が維持されたのである。

インド人民党政権

同じことが、１９９０年代以降勢力を伸ばしたインド人民党（ＢＪＰ）についても言える。

BJPは、ヒンドゥー・ナショナリズムを唱える団体（RSS）が母体となって設立され、次第に全国政党に発展した政党である。独立の際のパキスタン分離という苦い経験を背景として、国民会議派は世俗主義の方針をとっていたが、ヒンドゥー教徒が80％、イスラーム教徒が10％を占めるインドでは、宗教の違いを政治に利用しようとする誘因は常に存在した。それを実行に移したのがBJPだった。

BJPとRSSは、インド北部のアヨーディヤーに立っているイスラーム寺院のモスクがヒンドゥーの聖地を奪ったものであるとして、1992年にモスク破壊を行った。それがきっかけとなって、各地でヒンドゥー教徒とイスラーム教徒の衝突事件が発生した。さらに2002年には、列車火災で58名のヒンドゥー教徒が死亡したのをきっかけに、BJPやRSSに煽られた反イスラーム暴動が発生し、多数の死者を出した。

しかし、ヒンドゥー・ナショナリズムに依って政治的支持を広げようとするBJPの試みは、一定程度しか成功しなかった。総選挙で過半数を得たり、内閣を組織したりするためには、カーストや宗派の人口比が異なる諸地域の（必ずしもヒンドゥー・ナショナリズムに与しない）諸政党と連合を組むことが必要であり、そのためにBJPはヒンドゥー・ナショナリズムの主張をトーンダウンせざるを得なかった。

2014年と2019年の二度にわたる総選挙で単独過半数を得ることに成功したBJP

のナレンドラ・モディ首相は、イスラーム教徒が多数を占めるジャンムー・カシミール州の特別自治権を廃止したり、イスラーム教徒に対して差別的な市民権法改正を行ったりと、再びヒンドゥー・ナショナリズムを前面に出すようになった。モディ首相は反イスラーム色を強めることでBJPの勢力拡大を図ったのだが、それでもBJPはデリー首都圏を含む複数の州議会選挙で、敗北したり後退したりしている。

BJPの下で、ヒンドゥーを伝統的正統性の源とする「多数派による専制」が試みられ、イスラーム教徒に対する不寛容な政策が目立つようになっているが、かつての会議派と同様にBJPも、エスニシティ、言語、カースト、経済階層、宗教、地域などで多元化したインド全体を網羅する社会管理統制機関になることができていない。

もちろんインドでは、民主主義体制が70年も続いたことで、他の体制は考えられなくなった人々や、民主主義を価値として評価する人々が増えたことも、民主主義体制持続の理由として考えられる。しかし、「需要」要因では著しく不利な条件に直面してきた民主主義体制が、壊れずに維持されてきたのは、「供給」要因が権威主義化には圧倒的に不利だったために、誰も権威主義化を構想することができなかったからだと見るべきである。

「多数派による専制」の懸念ある南アフリカ

南アフリカの民主主義体制は、インドより半世紀近く遅れて、1994年に出発した。しかし社会の多様性や指導者のカリスマが権威主義化の「供給」要因を制約してきたために、「需要」要因は厳しいにもかかわらず民主主義体制が長期に維持されているという点で、南アフリカはインドと共通する。

南アフリカにおいては、オランダ、次いで英国による植民地体制と白人支配の下で、人口の圧倒的多数を占めるアフリカ系住民が、長い間土地・資源への接近やインフラの利用から排除されたり差別されたりした。その結果、所得分配が世界で最も不平等だといわれる国になった。当然ながら社会的・経済的不平等に対するアフリカ系住民の不満は強く、しばしばデモ・ストや暴動が起こった。1960年代以降は武力による抵抗を試みるグループも現れた。

1991年にアパルトヘイト諸法が廃止され、1994年には自由な普通選挙に基づいて、アフリカ民族会議（ANC）、白人主体の国民党、インカタ自由党（ズールー系アフリカ人の政党）の連立政権が成立した。これが南アフリカ最初の民主主義体制であり、人口の8割を占めるアフリカ人を利する体制になるはずだった。

しかし、体制変更にあたって、白人政権とANC中心のアフリカ人勢力とが妥協した結果、白人の既得権益の多くが保障されたので、法的な不平等はなくなったが、経済的な不平等は変わらず継続した。そうした状況下では、隣国のジンバブエで起こったように、アフリカ人勢力が「多数派による専制」を試みたり、体制の権威主義化をめざしたりする可能性があり、それを恐れる白人勢力の中にも、抵抗のために武力に訴えることも辞さないアフリカーナー系の右翼が存在した。

統制力の弱い国家と政党

以上のように、南アフリカの「需要」要因は、民主主義体制の維持にとってきわめて不利なものであった。しかし南アフリカの「供給」要因は、インドと同様に、民主主義体制の持続を助けるものだった。すなわち、社会を管理統制下に置いたり、体制変更を強制したりする組織が弱体であることが、1994年に発足した民主主義体制の持続を可能にしているのである。さらにマンデラが、自分のカリスマを漸進主義と民主主義の擁護のために使ったことも、民主主義体制の維持を助けた。

まずANCはアフリカ系住民の間では最も人気が高く、選挙のたびに議席の過半数を占めてきたが、社会管理統制機関としては、インド国民会議派以上に弱体であった。南アフリカには人種の多様性があり、アフリカ系80%に対して白人と、混血・アジア系がそれぞれ10%いる。さらにアフリカ系住民の間にも多数の言語集団がある。最大の言語集団はズールーであり、そのズールー語系住民が多いクワズールー地方では、インカタ自由党が民主化以前からANCのライバルとなってきた。

白人支配の時代アフリカ人のホームランドとして一定の自治を許されていた諸地域でも、1994年に新共和国が発足するにあたって、伝統的リーダーの役割などについて既存の慣行を認めるようにとの強い要求があり、結局ANCはそうした要求を受け入れた。

ANC内部にも市場経済化路線の是非について、あるいはアフリカ人中心主義か人種融和主義かをめぐっての争いがある。2013年には「マルクス＝レーニン主義」とアフリカ人優先を説くグループがANCを脱退して、「経済的解放の闘士」という政党を結成、選挙の度に支持率を伸ばすようになっている。

こうした路線対立に加えて、権力や権益をめぐる争いもある。2021年にはズールー人初のANC政権大統領だったジェイコブ・ズマ（任期2009～18年）が、汚職裁判をめぐって収監されたことに抗議する暴動が発生し、70人余りが死亡する事件が起こっている。

以上のように、ANCの社会を管理統制する能力は、人種問題や経済政策や権力をめぐる与党内外の亀裂と争いによって制約されている。もしもANCが「多数派による専制」や権威主義化を狙うのであれば、ネルソン・マンデラのカリスマ以外に頼るものはなかったが、そのマンデラは2013年に死去するまで民主主義と漸進主義の立場を変えなかった。

強制執行機関である軍部も、「多数派による専制」や権威主義化を担える状態にはない。南アフリカの軍部は、アパルトヘイト体制を支えた白人軍と、アパルトヘイトと戦ったANC系およびパンアフリカニスト会議（PAC）系の武装部隊、さらにインカタ自由党と四つのホームランドの武装部隊を統合して結成された。同時に新政権は、11万人いた兵員を削減し、2003年までに5・9万人規模にした。これは、1994年時点で武装していた人々の相当部分が、武装解除や社会復帰が進まないまま街に放たれることを意味した。その結果、南アフリカでは小火器が多数出回り、それがさらに人々の（自衛のための）武装を進めさせる悪循環を生じさせた。そこに貧困による生活困難の問題が重なり、今日の南アフリカは、世界で最も治安の悪い国の一つになっている。

暴力が社会的に普遍化してしまった今、軍部が強制力を独占することは望むべくもない。ANCを含むいかなる勢力も、強制力に依って統治しようとすれば、他の勢力の強力な武力抵抗を受けることは必至であり、今のところ暴力による統治を構想することは困難だと言えよう。

南アフリカでは、貧困や不平等という「需要」要因は、民主主義体制の持続にとって不利な状態にあるが、社会管理統制機関や強制執行機関の弱さやカリスマの使われ方などの「供給」要因が権威主義化を妨げたので、民主主義体制は結果として持続している。

第5章　経済的・社会的発展の政治的条件は何か

本章では、新興国の経済発展と社会福祉拡充に触れた第1章と第2章に戻って、それらを進めるのに有利な政治的条件は何なのかを探ってみたい。第1章と第2章では、新興国が「中所得国の罠」を回避し、かつ社会福祉を拡充するためには、社会勢力間や市場プレーヤー間の利害調整が不可欠だと指摘した。政治や政治体制の違いは、そうした利害調整の有効性、ひいては経済的・社会的パフォーマンスに影響するのだろうか。本章ではまず、第3章と第4章で分析した異なる政治体制のインパクトを見ることから始めよう。

1　政治体制は経済パフォーマンスに影響するか

政治体制の特徴と持続性

ここでは政治体制の指標として再びポリティ2指標を使う。その意味は二つある。第一に、第3章で見たように、新興国には民主主義の体裁をとっているが、政権に批判的なマスコミや野党や個人の行動に規制を加えることで、実質的に政権交代の実現を難しくする「競争的権威主義」「選挙権威主義」の国が多い。ただし政権交代が全く不可能というわけでもない。2000年以降のメキシコや2018年のマレーシアで起こったように、選挙による政権交代が実現することはあるし、第4章で詳しく見たように、「選挙権威主義」体制が民主化したり、逆に権威主義体制的な色彩を強めたりすることもある。

こうした例は、実際の政治体制を「民主主義体制」や「権威主義体制」として峻別することが難しいことを示している。ポリティ2指標は、「いかなる体制も民主主義的な要素と権威主義的な要素を併せ持つ」という視点で数値化している点で優れている。

この指標が優れているもう一つの点は、体制の「持続性」についても数値化を行っていることである。体制の特徴が大きく変化した時点、あるいは体制が固まったと認められた時点からの年数を、毎年の「持続性」として数値化したのである。

ある国がどんな政治体制上の特徴を持っていたとしても、それが長続きしなければ、経済や社会への影響は限られるだろう。民主主義体制であろうが、権威主義体制であろうが、持続性が高い（すなわち安定度が大きい）ほうが政策のブレが小さく、市場予測も容易なので、経済発展にはプラスに働くのではないかと仮定することができる。

そこで、政治体制の特徴（民主主義度・権威主義度）と持続性によって新興国を分類したのが表７である。政治体制の特徴（縦軸）としては、１９９１〜２０１０年のポリティ２指標の年間平均が７以上の国を民主主義度が高い国（11ヵ国）、マイナス７以下の国を権威主義度が高い国（３ヵ国）、マイナス６〜プラス６の国を中間レベルの国とした。中間レベルの国は、民主主義度が権威主義度に勝る（０〜６）９ヵ国と、権威主義度が民主主義度に勝る（マイナス６〜０）６ヵ国に分けてある。２０１０年はポリティ２指標の新興国平均が最高に達する年であり、その後ポリティ２値は下降（権威主義的要素が増加）する。１９９１〜２０１０年は新興国全体にとって「民主化の第三の波」に乗っていた時期であり、その時期におこった経済成長との関係を見るのにふさわしい時期設定であろう。

表７の横軸は１９９１年から２０１０年にかけての政治体制の持続性を示している。各年度で見た時の持続年数の20年間の平均値であり、その間の政治体制上の特徴が、どのくらい

表7　政治体制の特徴と持続性（1991~2010年の年間平均）

政治体制の特徴		ポリティ2	政治体制の持続性 高い（20年以上）	中間（10～20年）	低い（10年未満）
	高い民主主義	7以上	〈インド〉 コロンビア	**〈韓国〉** **〈チリ〉** **アルゼンチン** ブラジル トルコ 南アフリカ フィリピン	**〈台湾〉** **ポーランド**
	中間	0～6	〈マレーシア〉	〈インドネシア〉	〈バングラデシュ〉 〈ペルー〉 〈ナイジェリア〉 メキシコ ロシア パキスタン タイ
		−6～0	**〈シンガポール〉** エジプト イラク		アルジェリア イラン カザフスタン
	高い権威主義	−7以下	〈中国〉 〈ベトナム〉 **サウジアラビア**		

注：山カギは1990~2015年のＧＤＰ成長率がアメリカ合衆国の2.5倍以上の国、太字は高所得国になった国、下線は2010年における政府の社会保護支出が新興国の平均（8.3%）より高い国

出所：PolityV dataset version 2018, Polity2 and Durable indicatorsおよび付表１,２より作成

持続的だったかを示している。例えばインドは、1991年から2010年にかけて民主主義度の高い政治体制を20年以上（つまり当該期間中ずっと）維持していたのに対して、アルジェリアは、民主主義の方向や権威主義の方向への変化を繰り返しつつ（つまり持続性の低い状態のまま）、平均的には権威主義度のほうが勝る不安定な体制を持っていたことを示している。

経済成長へのインパクト

表7を一見してわかるように、新興国は特定の枠に集中せず、様々な枠に分散している。政治体制の特徴や持続性は、新興国になるための条件になっていないということである。しかし、新興国の中にも経済パフォーマンスの違いがあるので、そうした相違が政治体制の民主主義度や持続性と関連しているかを見てみよう。表7では、1990年から2015年までのGDP成長率が相対的に高かった国（米国の2・5倍以上の12ヵ国）、例えばインドや韓国を山カギで括って示してある。また2015年までに高所得国になっていた国は太字になっている。

この表からまず言えることは、民主主義度が高い（ポリティ2値が7以上）国の場合、11ヵ国中4ヵ国でGDP成長率が相対的に高いのに対して、権威主義度が高い（ポリティ2値がマイナス7以下）国は、3ヵ国中2ヵ国で成長率が高い。しかし、中間レベルの国をポリティ2値が0以上か以下かで分けて、0以上の国を民主主義度の高い国と合わせ、0以下の国を権威主義度の高い国と合わせて、両者を比較してみると、より民主主義的な国は20ヵ国中9ヵ国で、より権威主義的な国は9ヵ国中3ヵ国でGDP成長率が相対的に高い。政治体制が民主主義的か権威主義的かは、経済成長率の高低とは直接関係していないようだ。

ただし体制の持続性を考慮すると、不安定な権威主義国（ポリティ2値が0以下で持続性が低い国）にはGDP成長率の高い国が一つもないのに対して、持続性の高い権威主義国（ポリティ2値が0以下で持続性が高い国）は6ヵ国中3ヵ国（シンガポール、中国、ベトナム）が高成長を遂げており、民主主義度が勝っている国と比べて遜色がない。

他方、民主主義度が勝る国（ポリティ2値が0以上の国）については、持続性の大小にかかわらずGDP成長率が高い国と低い国が混在していることがわかる。つまり、民主主義度の勝る国では、体制の持続性は、それだけでは経済成長率に影響しないということである。

また「中所得国の罠」を克服した七つの高所得国を見てみると、民主主義度は高いが体制の持続性が中間以下の国（韓国、チリ、アルゼンチン、台湾、ポーランド）と、安定した権威主義国（シンガポール、サウジアラビア）に二分される。権威主義的な国では安定していることが高所得国になる条件だが、民主主義度が高い国では、持続性が低いことは高所得国であることの障害にはなっていないということである。

もっとも、持続性が中間以下の五つの民主主義国については、政治体制の特徴が高所得化を可能にしたというよりは、一人当たり所得が十分高くなったがゆえに、体制が不安定でも持続しうるという逆の因果関係を示しているのかもしれない。

結論として表7から言えることは、権威主義国の場合、長期に持続することが高成長や高所得と相関しているのに対して、民主主義国の場合には、体制の民主主義度も持続性も、経済成長や高所得化と関係していないようだということである。政治体制と経済発展の関係は限定的である。

2　議会と政党システムの影響

拒否権プレーヤーと政策の有効性

政治体制の違いが経済発展にとって重要でないとしても、同じ種類の政治体制の中で、異なった「政治制度」が経済発展に影響している可能性はあるだろうか。同じ権威主義の国でも、安定した国に高成長国や高所得国が多いのは、その制度の特徴に由来するのだろうか。

社会組織や政府が一定の方針を決めて、それを実施するためには、成員の合意が重要である。成員の合意や協力がないまま何らかの施策の実行を始めても、目的を達成できない可能性が高い。そうした合意を形成するにあたって「拒否」をする可能性を持つ組織、集団、個人は「拒否権プレーヤー」と呼ばれる。

一般に拒否権プレーヤーは、数が多すぎると合意の達成が難しく、拒否権プレーヤーの個別の利害や意見に引きずられる。その結果、誰をも満足させようとするあまり、総花的で非効率な政策に終始してしまったり、有効性が低くなっていた場合でも、既存の政策を改めることができなかったりする可能性が高い。

逆に拒否権プレーヤーの数が少なすぎると、少数者の意思によって物事は速やかに進められるように見えるが、その少数者によって、いつまた方針が変更されるかわからない——すなわち政策の不確実性が高い——ので、残る成員のコミットメントは低くなる。

そこで、経済発展や社会福祉拡充を目的として、政府や社会のリソースを有効かつ効率的に動員するには、「拒否権プレーヤー」の数は多すぎも少なすぎもしないほうがよいという仮説をたてて、実態がどうだったかを見てみよう。

拒否権プレーヤーの数は、選挙制度、政党システム、行政・立法・司法関係など、様々な政治制度によって異なるとされる。ここでは政党システムの特徴を示すものとして「有効政党数」をとりあげる。また立法府・行政府関係の指標として、「立法府の自立性の程度」を比較する。

有効政党数は、選挙における諸政党の獲得議席比率を二乗し、その数値の和の逆数として算出する。すべての政党が同じ議席率であれば、有効政党数は実際の政党数と同じになるが、議席率にばらつきがあり、一つの政党に議席が集中すればするほど1に近くなる。有効政党数を見ることによって、一党優位になっているか、二大政党制に近いか、多党分立型になっているかがわかる。一般には有効政党数が多いほど「拒否権プレーヤー」の数が増え、政権を組織・維持したり、議会で法律を通したりするために、多くの政党の要求を飲まざるを得なくなる。

ただし、その場合でも行政の長の国民的人気が高い場合には、諸政党は人気に便乗しようとするので、必ずしも「拒否権プレーヤー」として行動するとは限らない。そこで、もう一つの政治制度として、立法府が行政府から自立している程度を、データバンクス・インタナショナル社のデータを使って見てみる。政党数の多寡にかかわらず、大統領制か議院内閣制かを問わず、また行政府の長の人気が高いか低いかにかかわらず、立法府の自立性が制度として高い場合には、立法府を構成する諸政党が拒否権プレーヤーとして行動する余地が大きいと考えることができる。

異なる政治制度のインパクト

有効政党数と立法府の自立性の程度によって29の新興国を分類したのが表8である。GDP成長率の高い国を山カギで括り、高所得国を太字で示している。

この表で「拒否権プレーヤー」数が最も多いのは、立法府の自立性が高く、かつ多党制の国で、新興国ではインドのみが該当する。次いで「拒否権プレーヤー」数が多いと見られるのは、有効政党数が2〜4で、立法府の自立性が高い6ヵ国と、立法府の自立性は中間レベルだが、多党化が進んだ4ヵ国である。これらが「拒否権プレーヤー」数の多い国（表の濃

表8　政治制度の特徴（1991~2006年の年間平均）

		立法府の自立性		
		高い（2.5以上）	中間（1.5〜2.5）	低い（1.5以下）
有効政党数	4以上	〈インド〉	**ポーランド** ブラジル ロシア パキスタン	〈インドネシア〉 カザフスタン
	2〜4	**〈台湾〉** **〈チリ〉** **アルゼンチン** コロンビア トルコ 南アフリカ	**〈韓国〉** 〈ペルー〉 〈バングラデシュ〉 メキシコ フィリピン タイ	アルジェリア イラク
	2未満		**〈シンガポール〉** 〈マレーシア〉 イラン	〈中国〉 〈ベトナム〉 〈ナイジェリア〉 **サウジアラビア** エジプト

注1：濃い網掛けは拒否権プレイヤー数が比較的多い国、薄い網掛けは拒否権プレイヤー数が少ない国

注2：山カギは1990~2015年のGDP成長率がアメリカ合衆国の2.5倍以上の国、太字は高所得国になった国、下線は2010年における政府の社会保護支出が新興国の平均（8.3%）より高い国

出所：Cross-national time-series data archive 2020 edition, Polit 01, Polit 13 indicatorsおよび付表1,2より作成

い網掛けの国）であるのに対して、それが最も少ないのが右下枠の5ヵ国である。次いで少ないのが、有効政党数は2〜4あるが、立法府の自立性が低い2ヵ国と立法府の自立性は中間レベルだが、有効政党数が2未満の3ヵ国（以上、表の薄い網掛けの国）である。

　濃い網掛けと薄い網掛けに入る新興国の数がほぼ同数であることは、政治体制と同様、政治制度の特徴も新興国化の条件にはなっていないことを示している。

　新興国の間での経済パフォーマンスの相違を見てみると、「拒否権プレーヤー」数が多い11ヵ国の

中で、GDP成長率が高いのは、インド、チリ、台湾の3ヵ国にすぎないが、「拒否権プレーヤー」数が少ない10ヵ国には、高成長国が5ヵ国ある。ただしインドは、「拒否権プレーヤー」数が、新興国の中で最も多いにもかかわらず、中国とベトナムに次いで成長率が高い国であることを思い出す必要がある。また、「拒否権プレーヤー」数が少ない高成長国は東アジア4ヵ国とナイジェリアであり、中東・北アフリカの5ヵ国はすべて（相対的に）低成長国だという、地域的な相違にも注意しておく必要がある。

他方、高所得国を見ると、「拒否権プレーヤー」数が少ない10ヵ国には、シンガポールとサウジアラビアという2国しか入っていないのに対して、「拒否権プレーヤー」数の多い11ヵ国には4ヵ国（チリ、アルゼンチン、台湾、ポーランド）が入っている。

つまり、GDP成長率は「拒否権プレーヤー」数が少ない国で高い傾向がある一方、高所得国は「拒否権プレーヤー」の数が大きい国に多い。これを見ると、「拒否権プレーヤー」数が政策の有効性と確実性に影響する結果、経済発展度を左右するということはなさそうである。

「拒否権プレーヤー」数と経済パフォーマンスが相関しないことは、有効政党数と立法府の自立性の両方が中程度である枠を見てもわかる。この枠に入る国は「拒否権プレーヤー」数が中間レベルであって、政策の有効性と確実性のバランスが最もよくとれた国であると考えられるが、この枠に入るのは29の新興国のうち6ヵ国にすぎない。そのうえGDP成長率が高いのは半分の3ヵ国（韓国、バングラデシュ、ペルー）、高所得国は韓国のみである。

結論として、「拒否権プレーヤー」の数は多すぎも少なすぎもしない方が良いという仮説は、新興国の経済発展に関しては支持されない。「拒否権プレーヤー」数で見た政治制度の特徴と経済発展との関係は、政治体制と経済発展との関係と同様に限定的なのである。

3 官僚制は違いをもたらすか

行政の有効性

それでは、国家制度としての官僚制の特徴は、経済発展と関係するのだろうか。第1章で検討した開発国家論は、「埋め込まれた自律性」を持つ官僚制を経済発展の要件として重視した。個々の市場プレーヤーの利害にとらわれず、同時に市場プレーヤーとの緊密な連携によって、市場動向を正確に把握して政策を実施することが、持続的な産業構造の高度化と経済成長に資するという考え方が背後にある。

この「埋め込まれた自律性」を多数の新興国について比較することは容易でない。官僚の専門化が進んでいる国の方が、政治的任命による官僚の入れ替えが大きい国よりも、少なくとも自律化にとってプラスであるように見えるが、日本のように官僚の専門化が進んだ国でも、官僚による政治的配慮（忖度）や腐敗行為がないわけではない。したがって、ここでは制度そのものを比較するのではなく、結果を比較してみたい。

すなわち経験豊富な専門家やビジネス・リーダーが、各国の行政の有効性や腐敗状況をどのように見ているかという「専門家評価」を利用して、「埋め込まれた自律性」の程度を推量するのである。専門家が行政の質が高く、腐敗も少ないと見ていれば、その国の官僚機構は個々の市場プレーヤーの利害によって私物化されておらず、同時に市場や社会の動向を正確に把握して行政を進める能力も高いと判断するのである。

図4は世界銀行が作成したガバナンス指標の数値に基づいて、29の新興国を位置づけたものである。この指標は、行政の質の良し悪しと腐敗の抑制度を、マイナス2・5からプラス2・5の範囲で数値化している。この図では、各国について1996〜2010年の年間平均値を用いた。

経済パフォーマンスへのインパクト

一見してわかるように、二つの指数は相関度が高い。腐敗の少ない官僚機構は、高い質の行政を提供しているということである。この図では、既に高所得国になっている新興国7ヵ

図4　新興国における行政の特徴（ガバナンス指標）

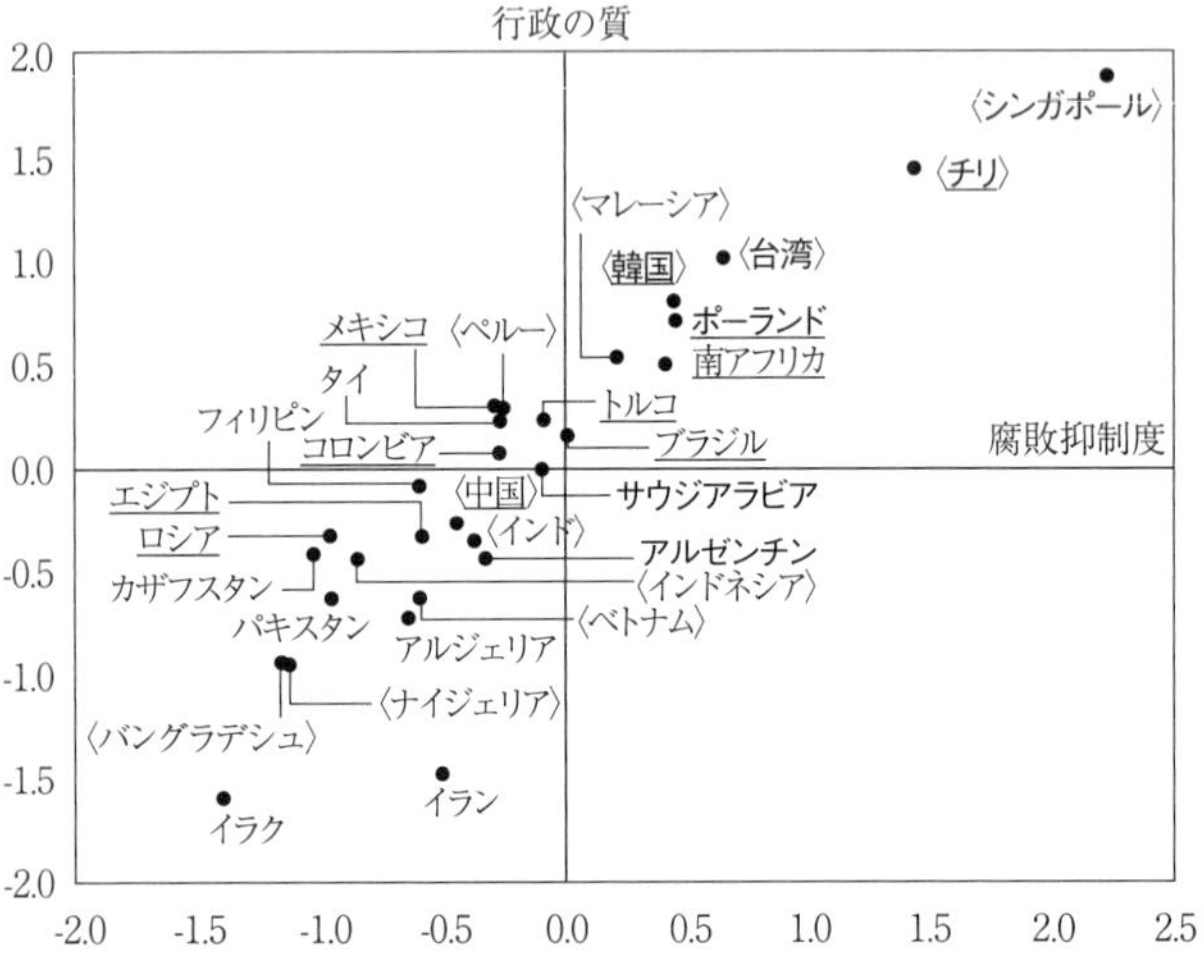

注1：1996-2010年の年間平均値
注2：山カギは1990-2015年のＧＤＰ成長率がアメリカ合衆国の2.5倍以上の国、太字は高所得国になった国、下線は2010年における政府の社会保護支出が新興国の平均（8.3%）より高い国
出所：世界銀行世界開発指標および付表1，2より作成

国（太字）のうち実に5ヵ国が右上の象限、すなわち腐敗が少なく質の高い行政を持つ国に位置づけられている。残りの高所得国であるサウジアラビアとアルゼンチンの官僚機構は、この5ヵ国よりも質が低く腐敗も多いが、著しく悪いというわけではない。もちろん、経済発展が進めば官僚機構の質も上がるという逆の因果関係もありうるが、国家官僚機構の質が比較的高いことが経済発展にプラスに作用していそうだと考えても、それほど非合理的だとは言えないだろう。

ただＧＤＰ成長率が大きかった国の分布を見てみると、バングラデシュやナイジェリアのように行政のパフォーマンスが非常に悪い国も入っている。さらに、中国、ベトナム、インドという経済成長率が最も高かった３ヵ国の行政の質や腐敗抑制度は、サウジアラビアより低いと見られていた。

ここから言えることは、行政の質や腐敗度は、所得水準が低い段階では経済成長を妨げるわけではないが、高所得国に達するまで経済成長を続けるには、パフォーマンスの良い官僚機構が重要だということである。これは、新興国から先進国へと成長する過程では、政府による単なる産業補助の量的拡大だけでなく、その補助を産業構造の高度化につなげる精妙な政策誘導を必要とすること、そのためには、比較的良質の官僚機構が必要とされるからであろう。

4　社会福祉拡充を左右する要因

政治体制と政治制度のインパクト

社会福祉については、29の新興国を福祉サービスの質までも含めて比較することが、データの制約で困難なので、ここでは図１を作成するのに使ったのと同じ量的データ――政府の社会保護支出がGDPに占める比率――を使う。

表7では、一人当たりGDPと比較して政府の社会保護支出の大きさが新興国の平均(8・3%)より高い国々に、下線を付してある。一見して明らかなことは、民主主義国には、持続性の大小にかかわらず社会保護支出の大きな国が多いということである。対照的に、権威主義的要素が濃い国では、社会保護支出が少ない。中国は平均を上回っているが、それもごくわずか(8・4%)にすぎない。

同じ傾向が表8で示した政治制度についても言える。「拒否権プレーヤー」数の多い政治制度を持つ国には、インドを大きな例外として社会保護支出の大きい国が多いのに対して、「拒否権プレーヤー」数の少ない国では、社会保護支出が小さい。

これらの事実が示しているのは、民主主義国や「拒否権プレーヤー」数の多い国では、福祉支出を求める社会的圧力が強く働くので、支持を広げたい政治家や政府は、支出増に傾きやすいということであろう。政治体制や政治制度は、経済発展に対しては限定的な影響しか与えなかったのに対して、社会福祉にはより大きなインパクトを与えているのである。政府や政治家が市場への介入によって産業構造高度化と経済発展を図ろうとしても、必ずしも成功するとは限らないのに対して、社会保護支出を量的に増やすことは容易だからである。

官僚制のインパクト

政治体制や政治制度と比べて、官僚制の特徴が社会福祉の水準に与える影響は限定的である。図4が示すように、行政の質も腐敗抑制制度も低い国では、政府の社会保護支出も低い傾向は見られるが、行政の質や腐敗抑制制度の点で最高水準にあるシンガポールでも社会保護支出は低い。それに対して、行政のパフォーマンスがシンガポールよりずっと低い中間レベルの国にも、社会支出の多い国が少なくない。

精妙な政策誘導と利害調整を必要とする経済発展とは異なり、社会福祉のための支出は複雑な政策操作なしでも、短期的な国民からの支持拡大につなげることができるので、行政の良し悪しは影響しないのだと考えられる。

ただし、むやみに社会福祉向けの支出を増やしたり、福祉政策を司る官僚機構が腐敗して、行政能力を欠いていたりすれば、福祉支出の効率性は悪く、またR&Dやインフラ事業費などに食い込んで、経済振興を阻害する恐れがある。

地域固有のパターン

以上のように政治体制や政治制度は、社会福祉に重要な影響を及ぼすが、権威主義的な色彩が強く、「拒否権プレーヤー」も少ない中東・北アフリカ諸国で、エジプトやトルコのように社会保護支出が多い国があることは、地域固有の要因も考慮する必要性を示している。第2章と第4章で触れたアラブ社会主義とイスラームの影響という歴史的要因である。ただし、アジアではイスラーム教徒が多数を占める国々（インドネシア、マレーシア、パキスタン、バングラデシュ）でも、社会保護支出が低い。アジアにはアジアの歴史的要因があるということであり、それは第2章で論じたように、福祉国家よりも雇用と教育の拡充によって家計の福祉を改善しようとした「開発主義」の歴史だったと考えられる。

しかし、やはり第2章で触れたように、アジア経済危機以降アジアでも福祉国家形成が課題として浮上してきており、韓国や台湾のように所得水準があがるにつれて、また政治体制の民主主義的な要素が強くなるにつれて、政府の社会保護支出が拡大する国も出ている。

社会保護支出増加への民主主義の圧力は、新興国の中でも民主化が早くから長く続いているラテンアメリカでも顕著に見られる。表7と表8が示す通り、この大陸ではすべての新興国で民主主義度が権威主義度を上回り、「拒否権プレーヤー」数も中間レベル以上であり、社会保護支出の対GDP比は、6ヵ国のうち4ヵ国で新興国平均を上回っている（アルゼンチンについてはデータがないが、おそらく平均を上回っている）。

経済発展のためには、民主主義体制よりも権威主義体制の方が優れているとする言説があるが、経済成長率の高い新興国は、民主主義度の高い国の間でも、権威主義度の高い国に劣らぬ頻度で見られるし、権威主義度の高い国でも体制が不安定な国の成長率は低いことを考えると、上記の言説を支持することはできまい。また民主主義度の高い国では、「政治制度」の違いは成長率や高所得化の差に影響していない。権威主義度の高い国でも、地域によって大きな差がある。結論として言えることは、政治体制・政治制度の経済的影響は限定的だということである。

それに対して官僚制は、経済発展にとって政治体制・政治制度よりも重要である。経済成長を継続的に成し遂げようとする政府は、比較的能力の高い官僚機構を必要とするからである。

他方、経済的影響とは対照的に、社会福祉は官僚制よりも政治体制・政治制度の影響が大きい。社会福祉の拡充は、行政の有効性の大小にかかわらず、政府財政の量的拡大によって、比較的容易になし得るからである。政治的・歴史的に国家が社会からの圧力に晒されやすい国は、特に社会福祉拡充へ動きやすい。

政治的・歴史的圧力が国の政策に影響するという点は、内政に限られているわけではない。政治体制の「需要」「供給」要因の所で見たように、自分の地位に不安を持つ政治指導者は、対外的なナショナリズムに訴えることで、国内の支持をつなぎとめようとする。そうした誘惑は、反対勢力を抑圧してでも権力に留まろうとする、権威主義的な指導者ほど大きくなる。内政と外交は密接に結びついているのである。そして、対外的なナショナリズムが、経済力や軍事力の裏付けを得た時、世界のあり様に深刻な影響を与えることになる。それが次章以下のテーマである。

第6章　国際関係への関与と挑戦

前章までは、新興国の経済、社会、政治を内側から分析してきたが、序章で指摘したように、本来新興国が「新興国」として注目されるようになったのは、これら諸国が世界経済において果たす役割が顕著に広がったためである。そこで本章と次章では、新興国が世界秩序の在り方に、どのように影響を及ぼしているか、また及ぼす可能性があるかについて考えてみたい。

1　世界秩序の特徴

世界秩序とは何か？

世界秩序とは、世界の様々なプレーヤー間の関係を調整する（公式・非公式の）制度のことである。具体的には、紛争が発生した場合にそれを平和裏に解決ないし処理するためのルールや手続きのことで、それらが、安定して継続する制度として多くのプレーヤーによって受け入れられている場合、「秩序」があると考える。

通常、世界秩序は主権国家を主要なプレーヤーとする国際関係の在り方としてとらえられる。そこでは、主権国家間の合意に基づく国際法や国際組織が、秩序を体現する主要な形態である。

しかし「世界秩序」は、主権国家間の関係に限られているわけではない。企業やNGOのような民間主体が国際的なルールの形成や運用に関与するケースも増えている。

さらに「世界秩序」は、主権国家内部の秩序の在り方にもかかわっている。個々の国の中にも、様々なプレーヤーがおり、多様な紛争が発生するので、それを平和裏に処理するルールや手続きが発達する。世界秩序とは、主権国家同士の間で、あるいは主権国家内部で発生する紛争や利害対立に対処するためのルールや手続きのことである。

限定された自由主義的国際主義

第二次世界大戦後の世界秩序は、「自由主義的国際主義（Liberal Internationalism）」の特徴――経済取引の自由、人権の尊重、国家主権を制約する普遍的なルールの適用（法の支配）

など——を色濃く持ち、制度的には、世界大の組織や枠組みである国際連合、IMF、世界銀行、GATT・世界貿易機関（WTO）などによって体現されるとされる。この秩序は、戦後復興の過程で、米国のリーダーシップの下で形成され、ソ連・東欧圏の崩壊によって、真の意味で「世界」大の秩序になった。

「自由主義的国際主義」の世界秩序は、主権国家内部でも国際社会でも、それぞれの構成員の合意に基づいて作られたルールや取り決めを、全員が尊重するのが原則である。しかしこの秩序は、実際の運営において、最初から自由主義的な側面でも国際主義的な側面でも限定されていたことに注意する必要がある。それは秩序の形成と維持を重視する米国が、参加する国々の意向や要求に対して、妥協的な政策をとったからであった。

国内社会の安定を重視する西欧諸国に対しては、雇用や福祉を維持・向上させるために国家が市場経済活動に介入すること、すなわち経済取引の自由を部分的に制限することを許したし、日本や他の東アジア諸国が国内産業振興のために、貿易や投資に制限を加える重商主義的な政策をとることも黙認した。

自由貿易をめざしたはずのGATTでも、多くの例外措置やセーフガード措置を認めたし、一部の国々だけで自由貿易協定を結ぶことで、最恵国待遇の原則を曲げることにも目をつむったのだった。

発展途上地域では、独裁者や権威主義体制が多数出現し、時には「自由主義的国際主義」を主導する欧米諸国による制裁や介入の対象になってきたが、米国とサウジアラビアの長年にわたる友好関係に見られるように、黙認される例も多数あるのが現実だった。

国際社会において最も典型的な国際主義の実践の場である国連でも、安全保障理事会の五つの常任理事国に拒否権が認められているように、すべての主権国家への普遍的なルールの適用は行われてこなかった。さらに国連憲章は、すべての参加国による集団安全保障を理想としつつも、一部の国々だけが集まって集団的自衛権を行使することを許した。その結果NATOやワルシャワ条約機構のような地域的な安全保障機構や日米安保体制のような少数国間の安全保障の枠組みが受け入れられてきたのだった。

国際的な制度には、司法、気候変動、人権などの問題領域（イッシュー）毎に参加国や参加国のコミットメント度が異なっているという問題もある。これら機能別の枠組みは「イッシュー・レジーム」と呼ばれる。例えば国際司法裁判所は、国連の「主要な司法機関」として位置づけられているが、米国、フランス、ロシア、中国といった主要国が裁判所の強制管轄権を受け入れていない。世界の教育や文化面での協力を目的とする国連教育科学文化機関（UNESCO）についても、主要な資金拠出国だった米国が、組織運営の在り方を批判して、2018年に脱退した。1984〜2003年に脱退していたのに続く二度目の脱退であった。

以上のように「世界秩序」は、世界全体を普遍的にカバーする「自由主義的国際主義」を原則としているが、実態としては、経済面でも政治・軍事面でも、地域ごとの、あるいは問題領域ごとの制度や枠組みが重要な役割を果たしてきたと見てよいだろう。個々の国の国内体制についても、常に民主主義が擁護されるわけではなかった。その意味で、この世界秩序は「限定された自由主義的国際主義」と呼ばれるべきだろう。

新興国は、そうした原則と実態面での特徴を持つ「世界秩序」に対して、どのような姿勢をとってきたのだろうか。まずそれを、新興国の活動の場となっているG20とBRICSについて見てみよう。また新興国の中でも飛びぬけた経済力を持つようになった中国が主導する一帯一路と上海協力機構についても検討したい。

2　G20登場の意味

G20の登場と発展

新興国が世界的なプレーヤーとして広く注目されるようになったのは、2008年のリーマン・ブラザーズ社の破綻をきっかけとする世界金融危機の時だろう。この時、危機脱出のためには、高成長によって世界経済におけるシェアを拡大していた新興国の協力が不可欠だという認識が、先進国の間に広がったのである。英仏首脳の働きかけの結果、2008年11月にG20初の首脳会議がワシントンDCで開催され、各国が協調して経済刺激策をとることで合意した。

G20は、各国の財務相・中央銀行総裁が話し合う場として、1999年12月に発足していたが、首脳会議が開かれるのは2008年が初めてだった。1999年当時は、アジア経済危機と、その余波を受けたブラジルやロシアの危機に対処し、同様の危機の再発を回避する方法を話し合うことが主要な議題だった。新興国を先進国と同じ対話の土俵に乗せることで、金融市場・為替制度の改革や財政政策の適切化へのコミットメントを引き出そうとしたのである。

ところが、改革が十分に進まなかったにもかかわらず、多くの新興国の経済は2〜3年でV字回復を遂げ、さらに天然資源の国際価格の高騰や製造業品の貿易の拡大を基盤として、2000年代に再び高成長を遂げるようになった。その結果2008年には、先進国発の経済危機に対処するためにG20の首脳会議が招集されるという、皮肉な展開になったのだった。

経済危機の深化と広がりを反映して、G20首脳会議は2009年と2010年にはそれぞれ2度開催された。そして2011年以降は毎年1回開かれている。首脳会議とは別に財務相・中央銀行総裁会議も、それまで年1回だった会合が2008年以降は複数回開かれるようになった。

世界金融危機への対応

問題は、このG20が世界秩序の危機を克服するために、G7以上の役割を果たしたか否かである。2008年の金融危機が先進国発の危機であり、欧米の金融機関が大打撃を受け、経済の大不況が広がったことは確かであるが、G7に新興国を加えたG20の枠組みで話し合うことが、危機の克服にどの程度役に立ったかを推し量ることは容易でない。

確かにG20の会合では様々な合意がなされた。2008年の最初の首脳会議では、各国がそろって経済刺激策をとること、開放的な世界経済へのコミットメントを続けること（すなわち保護主義に陥らないこと）、IMF・世界銀行などの国際金融機関の財源を増やすことなどが合意された。これらの合意は、2009年4月の第2回首脳会議でより具体的な内容となり、財政刺激と開発・貿易支援のために、総額1兆1000億ドルにのぼる新財源を各国が協力して捻出することになった。この金額の中には、IMFと世界銀行の資金基盤をそれぞれ5000億ドルと1000億ドル増やすことが含まれていた。2009年9月の第3回首脳会議では、民間主導の経済回復が明らかになるまで経済刺激策を維持することや、20

１１年までにＩＭＦの投票権の５％を再配分することで合意した。

一方で、２０１０年１月に放漫財政によってギリシアが国家破綻に瀕し、危機が他のユーロ圏に波及すると、２０１０年６月に開かれたＧ20第４回首脳会議で、ドイツなどヨーロッパの先進国は、それまでの財政刺激策をやめて「出口戦略」に転じること、すなわち財政規律を重視することを主張した。しかし、それには反対する国も多く、妥協として、日本以外の先進国は２０１３年までに財政赤字を半減し、２０１６年までに財政赤字の対ＧＤＰ比を、それ以上増えないようにするか減らすかすることで合意した。

このようにＧ20では、財政刺激と「出口戦略」、ＩＭＦ・世界銀行改革など、世界秩序の危機に対処するための重要事項が話し合われ、各国がとる政策についてコミットメントがなされた。しかし、各国の取り組みが、Ｇ20があることによって実現したと言えるのかは疑わしい。２００８年には、世界中が大不況に陥ったので、各国が金融や財政の刺激策をとる必要性は、Ｇ20での合意のあるなしにかかわらず明らかだった。各国が膨張した財政赤字による破綻を避けるために、遅かれ早かれ財政規律回復の方向に動かなければならないことも、明白だったのである。

他方、ＩＭＦや世界銀行の財源を増やすことは、各国の経済政策や改革を支援するために意義のある合意であった。実際、Ｇ20での合意を受けて、２０１０年12月に開かれたＩＭＦの総務会が「14次改革案」を承認し、この改革による増資が２０１６年１月に実施された。その結果、中国が米国、日本に次ぐ3番目の出資国に躍り出た。それに加えてブラジル、ロシア、インドも、上位10位以内の出資国になったのだった。

この事態の推移を見ると、Ｇ20での合意が重要であるかのように見えるが、実際には、これら国際金融機関における資金基盤の拡大や、それに伴うポストや投票権の再配分は、それぞれの組織内で長年話し合われてきたテーマであり、Ｇ20での合意がなかったとしても早晩実現されていただろう。世界大不況からの脱出のためには、新興国が持つ資金を動員することが緊急に必要であり、そのために先進国も、新興国が長年要求していた国際金融機関の改革、つまりポストや投票権の再配分を受け入れざるを得なくなったのである。Ｇ20というよりも、金融危機の深刻さ自体が、ＩＭＦや世界銀行の「改革」を推進した原動力だったと見るべきである。

ウクライナでの戦争が経済を政治・軍事から分離することを困難にした点も併せ考えると、今後もＧ20が世界経済の運営において実質的な役割を果たすことは、難しいだろう。

さらに、ＩＭＦ・世界銀行改革にも見られるように、２００８年からの世界的危機の中で、先進国にとって特に重要だったのはＢＲＩＣｓ（ブラジル、ロシア、インド、中国）である。世界経済の動向に影響を与える可能性という点で、新興国の中でもＢＲＩＣｓが際立っていたからである。Ｇ20に参加する11の新興国の中での比率を見ると、危機直前の２００７年には、実にＧＤＰの63％、外貨準備高の74％をＢＲＩＣｓ４ヵ国が占めていた。

3　ＢＲＩＣＳの躍進と限界

ＢＲＩＣｓからＢＲＩＣＳへ

ＢＲＩＣｓが、２００１年にゴールドマン・サックス社のジム・オニールが作った略語であることは、序章で触れた通りである。そうした造語の経緯にも明らかなように、これら４ヵ国が注目されたのは、何よりも世界経済における彼らのシェアが大きく、グローバルに活動する投資会社にとって、最も重要な新興国と考えられたからである。このようにＢＲＩＣｓは、外部の人間によって一つのイメージにまとめられたにすぎなかったのだが、２００８年の世界金融危機を契機に、自らの意志でグループとしての活動を開始する。

きっかけは、世界金融危機への対応を協議するために、２００９年６月ロシアに、ＢＲＩＣｓを含むＧ20の首脳が集まったことで、それ以降、毎年ＢＲＩＣｓの首脳会議が開かれるようになった。２０１１年からは南アフリカが参加し始め、グループ名をＢＲＩＣＳと称するようになった。ＢＲＩＣＳはG20首脳会議に合わせて会合を開くと同時に、それとは別に毎年会合を開いている。

新開発銀行と緊急時外貨準備基金の創設

ＢＲＩＣＳの成果として最も顕著なのは、新開発銀行と緊急時外貨準備基金の創設だろう。ＢＲＩＣＳ諸国は先進国が支配する世界銀行やＩＭＦの運営に不満を持っており、自らが支配できる国際金融の枠組として、これら二つの仕組みを作ることに合意したのだった。２０１４年にブラジルで開かれた首脳会議で最終合意し、２０１６年に実際に発足した。

新開発銀行は世界銀行のＢＲＩＣＳ版だが、世界銀行が社会開発や貧困削減に注力するのに対して、新開発銀行はインフラ整備や経済開発への融資に主眼を置く。この銀行はブラジル、ロシア、インド、中国、南アフリカの各国が１００億ドルずつ出資し、合計５００億ドルの応募済資本で出発するが、うち5分の1が払込資本、残りが請求払資本である。授権資本は１０００億ドルになる予定だという。５ヵ国の間で、本部は上海に置くが、最初の総裁や理事長などは中国以外の参加国から出すという妥協がなされた。世界銀行グループの中で、中所得国や信用力のある途上国への融資を行う国際復興開発銀行（ＩＢＲＤ）の授権資本が

2018年に2700億ドル、最貧国支援を目的とする基金である国際開発協会（IDA）への拠出予定金額が2020～23年の年間平均で270億ドルなので、新開発銀行の授権資本が実際に1000億ドルになれば、相当大規模な国際金融機関ということになるだろう。

新開発銀行の2020年次報告書によると、2016～20年の融資実行額は69億ドルであり、国際復興開発銀行の982億ドルに比べるとまだ小さい。しかし、承認済み融資総額を見ると国際復興開発銀行の1265億ドルに対して、新開発銀行は244億ドルであり、後者が2016年に融資を始めたばかりであることを考えると、既に大きな実績をあげつつあると言ってよいだろう。国際金融機関としての経営も、BRICSがかねてから世界銀行やIMFの条件付き援助に批判的だったことから、借り入れ国の債務返済能力を軽視した杜撰な運営がなされるのではないかとの懸念があったが、今のところ既存の国際金融機関と同様の慎重な運営がなされている。

他方、緊急時外貨準備基金はIMFのBRICS版で、短期的な外貨不足に陥った国に外貨を供給して支援することを目的とする。こちらはBRICS5ヵ国の外貨準備水準の違いを反映した構成となっており、目標とする1000億ドルの資金のうち、中国が410億ドル、ブラジル、ロシア、インドがそれぞれ180億ドル、南アフリカが50億ドルを拠出することになり、投票権も中国に最大の39・95％が割り当てられた。ただしこの基金はIMFと違って、独自の運営組織を持たないので、資金の供給は、参加国から援助要請があった時に、各国の中央銀行の代表からなる常務委員会が、可否を決定することになっている。そして資金の供給は中央銀行間の通貨スワップ（要請国の現地通貨と支援国が保有するドルの交換）によって行われる。まだ援助実績はないが、援助額のうち70％はＩＭＦの条件にリンクすることになっていることから、新開発銀行と同様、健全な運用がなされるものと見られている。

以上のように、新開発銀行と緊急時外貨準備基金の創設は、ＢＲＩＣＳの資金力を独自に動員する上で大きな意味を持つものだが、今のところ世界銀行やＩＭＦに挑戦するのではなく、それらを補完する形で運営されているため、グループとしてのＢＲＩＣＳが、世界銀行・ＩＭＦ体制に体現される既存の世界経済秩序を変更するほどの影響力を持ちうるかどうかはわからない。

ＢＲＩＣＳの失速

ＢＲＩＣＳのグループとしての能力を疑わせる、もう一つの理由は、中国とインドを除く３ヵ国の経済が２０１０年代に失速してしまったことである。中国とインドは、世界経済全体のＧＤＰに占めるシェアを、それぞれ６・１％と２・１％（２００７年）から16・３％と３・３％（２０１９年）に増やしたが、他の３ヵ国は、合わせても５・１％から４・４％へ減らしてしまったのである。世界経済秩序へのインパクトを考える際は、グループとしてのBRICSというよりは、個別の国、特に中国に注目すべきだろう。

4　一帯一路という怪物

二つのシルクロードとAIIB

その中国が打ち出した新しい秩序形成の構想が、「一帯一路」と呼ばれる経済圏構想である。しかし、この一帯一路は最初からよく練られた計画だったというわけではない。

国家主席に就任して間もない習近平が、2013年9月に中央アジア諸国歴訪でカザフスタンを訪れた際、漢の時代に拓かれたと言われるシルクロードを再現するものとして、新しい「シルクロード経済ベルト」創設を提案したのが最初だった。

習近平は翌月インドネシアを訪問した際、15世紀鄭和の南海遠征の路線に沿って、中国から東南アジア、インド洋沿岸、アラビア半島からアフリカに至る「海上シルクロード」を提案した。この二つのシルクロードが「一帯一路」で、それに沿って交通・通信インフラを整備し、通商と投資によって結ばれた経済圏を建設せんとする構想が「一帯一路」構想である。

しかし最初は、習近平就任以前から様々な中国企業によって行われていた雑多なインフラ事業を、後付けで「一帯一路」の名の下に組み込んだというのが実態であった。政府部内向けに「一帯一路」のガイダンス文書が出されたのが2015年、英語のウェブサイトが開設されたのが2017年だった。2015年になると政府が投資規制を強めたので、海外投資を狙う中国企業は、こぞって「一帯一路」ブランドを使うようになったと言われる。その方が人民銀行下のシルクロード基金や輸出入銀行などから融資を受けやすかったからである。

「一帯一路」事業への融資元としては、AIIB（アジアインフラ投資銀行）もあった。この金融機関は、習近平がインドネシアで「海上シルクロード」に触れた2013年10月に、インフラ整備への投融資を目的として提案したもので、世界銀行やアジア開発銀行では足りないインフラ資金を、チャイナマネーを呼び水に動員しようとするスキームだった。AIIBは、2016年初めに57ヵ国が参加する資本金1000億ドルの多国籍銀行として開業した。日米は参加しなかったが、ヨーロッパ主要国は創設時メンバーに加わった。AIIBはBRICSの新開発銀行と同様、世界銀行グループ並みの健全な国際ルールに則って運営されており、世界銀行やアジア開発銀行との協調融資にも積極的である。

AIIBは多国籍機関なので、最大の出資国である中国の影響力が大きいとは言え、中国が自由に動かせるわけではない。それに対して、シルクロード基金、輸出入銀行、国家開発銀行などは中国政府が支配する機関であり、これらの投融資に基づく「一帯一路」事業は、中国単独の判断で実施できるという意味で、中国政府の対外戦略に結びつきやすい。実際2017年までに「一帯一路」は、国内では習近平の権威と権力のシンボル的事業となり、同時に中国の対外戦略の要の一つとしての地位を確固たるものにした。

この年、国営銀行に対して「一帯一路」として認められる事業を選別するようにとの指示が出され、事業の採用には建国当初から経済計画と実施を担ってきた国家発展改革委員会の認可を必要とするようになった。中国が国際的な「一帯一路」国際協力ハイレベル・フォーラムを北京で主催したのも、2017年の5月だった。この会議には130余りの国の代表団と70以上の国際機関の代表が参加した。大量に積みあがった中国の外貨準備（チャイナマネー）が自国のインフラ整備に投資されることに、多くの国の期待が集まっていた。

ハンバントタ港事案

しかし、「一帯一路」事業の経緯は不透明で不健全だ——受入国の政府や有力者との癒着によって中国企業が独占的に受注し、建設資材や建設労働者も中国から引き入れている、そして受入国の債務返済能力を超える融資を行っている——という国際的批判が次第に広がった。そうした批判を決定的にしたのは、スリランカのハンバントタ港事業について2018年6月25日付でニューヨーク・タイムズ紙が発表した調査報道記事だった。

ハンバントタ港事業は、習近平が国家主席に就任するより前に始まっていた事業が、後付けで「一帯一路」事業とされた典型的な事業である。スリランカ南部に位置するハンバントタ県は、同国の有力政治家一族であるラジャパクサ家の出身地である。この一族からマヒンダ・ラジャパクサが大統領に当選したのが2005年だった。彼は経済開発を公約として掲げ、ハンバントタ海岸の寒村に港湾を建設する事業を進めようとした。政府委託のフィージビリティ調査は、「採算性なし」の判定を下したのだが、ラジャパクサは計画を強行した。他の主要国や国際金融機関が融資を躊躇する中で、資金提供に応じたのが中国だった。こうして中国の国営企業である中国港湾工程有限公司が入札無しで受注し、中国輸出入銀行の3億ドル余りの融資によって、2007年に第一期工事が始まった。

同じ時期に中国は、1983年に始まって以来、戦闘と停戦を繰り返していたスリランカ内戦で、多数派シンハラ人政府を率いるラジャパクサ政権を経済・軍事援助によって支えた。その上、少数派タミール人の武装組織壊滅作戦で政権が犯した数々の人権侵害問題でも、国連安保理等で政権を擁護した。

2008年の世界金融危機以降、スリランカは中国への依存をいっそう強めた。ハンバントタ港は2012年になっても利用船舶は年間34隻のみと、採算性は全くなかったのだが、ラジャパクサは港の拡張や関連施設の建設をあきらめなかった。結局2009～15年に、ラジャパクサ政権は中国の輸出入銀行と国家開発銀行から27億ドル余りの融資を受け、この間にハンバントタ港事業は「一帯一路」事業として再定義されたのだった。

ハンバントタ港の貧弱な実績は、2015年の大統領選挙でラジャパクサが落選する原因の一つになった。そして新政権は、直ちにすべての「一帯一路」事業を凍結することを宣言した。しかし、それまでにスリランカの対外債務は返済能力をはるかに超える水準に達しており、新政権も国家破綻を避けるために、結局チャイナマネーに頼る以外方法がなかった。こうして2017年7月に締結した契約により、スリランカは中国から11億2000万ドルの新借款を受け入れ、その代償として、ハンバントタ港運営会社の株式の85%を中国の国有企業である招商局港口ホールディングスに譲り、港湾と後背地60平方キロを99年間貸与することになったのだった。これがチャイナマネーによる「債務の罠」の好例として、国際的な注目を浴びることになった事案である。

新政権が中国企業の関与する事業の見直しを宣言しながら、チャイナマネーに屈服した事例は、ギリシアのピレウス港事業やマレーシアの東部海岸鉄道事業など、他にも見られる。また、ハンバントタ港ほどではないが、港湾運営会社の所有権や運営権を長期に中国企業に引き渡す事例も多数見られる。パキスタンのグワーダル港、マレーシアのクアンタン港、ミャンマーのチャオピュー港などである。アフリカでもケニアのモンバサ港の運営権が、モンバサ・ナイロビ間の鉄道建設の際に中国輸出入銀行から受けた融資の担保になったという報道がある。モンバサ港は日本の資金援助で拡張工事を行った港である。

なおスリランカでは、経済的失政によってゴタバヤ・ラジャパクサ大統領（マヒンダ・ラジャパクサの弟で2019年に就任）は2022年7月に失脚したが、ラジャパクサ一族の勢力は隠然として残っており、中国への多大の負債も変わっていないので、中国によるハンバントタ港支配は、今後も続くだろう。

真珠の首飾り

これらの港湾事業においては、ピレウス港のように経済的に成功している事例は稀で、中短期的には採算のとれない事業が多い。そのために、中国の意図が経済的というよりも政治的・軍事的な目標にあるのではないかという疑惑がつきまとうことになった。

中国が南シナ海からインド洋にかけて点々と港湾事業を行おうとしている状況について、米国の防衛コンサルタント会社が「真珠の首飾り」のようだと指摘したのは2004年だったが、習近平の時代になると、この言葉は軍事的に現実味を持って語られるようになった。中国は2014年頃から南シナ海の複数の岩礁に軍事施設を建設し始めたし、2016年には、海賊対策を主な理由に掲げて、紅海の入り口に位置するジブチに人民解放軍にとって最初となる海外軍事基地の建設を始めた。さらにカンボジアでも、米国の援助で作られたシアヌークビルのリアム海軍基地が、中国企業によって大規模な改修を受けていることが明らかとなった。ハンバントタ港をはじめとする諸港も、中国が軍事的に利用しようとする可能性が高い。

この間、インド洋での中国海軍の活動が活発になっている。２０１３年頃から中国の原子力潜水艦がインド洋で目撃され始め、２０１７年までに原子力潜水艦を含む複数の中国海軍の船舶が、常時インド洋に展開すると言われる状態になった。インド洋の島国モルディブで親中国派の政権と野党との対立が激しくなった２０１８年２月には、中国海軍の11隻の艦船が一時インド洋に出現した。

チャイナマネーの誘惑

このように中国の「一帯一路」イニシアチブは、受入国を債務付けにして政治的・軍事的に従わせようとするものではないかという疑念と懸念をかきたてたが、中国は、このイニシアチブはあくまでもインフラ事業を核とする経済開発のための事業であり、中国だけでなく、参加国すべてを利するウィンウィン事業だと主張し続けている。

事業受注の不透明さや「債務の罠」問題については、国際的に広く注目されるようになったが、それでもチャイナマネーの誘惑は強く、２０１９年4月に北京で開かれた第2回「一帯一路」国際協力ハイレベル・フォーラムには１５０もの国々が参加した。当初、「一帯一路」への協力を米国とともに見送った日本の安倍政権も、２０１７年末までには、開放性や透明性のある健全な事業であるならば、日本企業が第三国で「一帯一路」事業に参加することを受け入れる方針に転換していた。

「一帯一路」イニシアチブは、経済的事業なのか、政治的・軍事的目標を含む事業なのかというあいまいさを残しているとはいえ、「真珠の首飾り」に示されているように、中国人民解放軍の戦力投射能力の大幅な拡大に役立つことは間違いない。中国が「一帯一路」事業を通して獲得する軍事行動能力を、国際法や国際協調を無視して使うようになれば、それは「限定された自由主義的国際主義」という世界秩序への重大な挑戦ということになろう。世界秩序への影響という点では、G20やBRICSという集団よりも、最大の新興国である中国の行動が重要なのである。

5　上海協力機構はどこへ向う

陸上国境の画定

中国が先導した政治的イニシアチブとしては、上海協力機構に触れておく必要がある。当初は経済に重点を置いた「一帯一路」とは異なり、上海協力機構は最初から政治的目標を持って設立された多国間組織である。

中国の共産党政権は、1989年に国内の民主化運動を天安門広場での武力弾圧によって抑えたものの、ソ連・東欧圏の瓦解を目の当たりにして、また天安門事件に対する欧米の制裁に直面して、「和平演変」による支配体制の動揺を防ぐ必要に迫られていた。その際に、ソ連崩壊によって生まれたロシアや中央アジアの諸共和国とは長い国境線を共有しているので、これらの国々が中国批判勢力に加わることは、是非とも避けなければならないことだった。

そこで中国は、これらの国々との国境画定の交渉を進め、ロシアとは1991年に国境全体の98%について協定を結び、97年に実効に移した。同様に、カザフスタンとは1994～98年、キルギスとは1996～99年、タジキスタンとは1999～2002年に国境を画定させた。係争地を概ね半々に分ける内容だったと言われ、21世紀になって中国が南シナ海や東シナ海で示すようになる頑なな「核心的利益」の主張とは、大きく異なるものだった。

常設機関の設立

中国が1996年にロシア、カザフスタン、キルギス、タジキスタンの首脳を上海に招いたことには、国境画定を進めつつあった国々との信頼醸成を図り、これら諸国との関係を安定化させるという狙いがあった。この時の首脳会談が毎年開かれることになり、さらに2001年6月にはウズベキスタンを加え、同時に憲章と常設機関を備えた組織を設立することが決定された。それが上海協力機構である。

この間、協力の内容は、単なる国境安定化のための信頼醸成から、宗教過激主義・民族分離運動やテロリズムの抑止といった課題へと移っていった。中国にとっては、新疆ウィグル自治区の分離独立運動が中央アジア諸国からの政治的・軍事的支援を受けて広がることは、是非とも阻止したいことだった。ロシアや中央アジアの諸共和国では既に反政府武装組織やイスラーム過激派のテロも発生しており、1998年には国連タジキスタン選挙監視団の政務官として活動していた秋野豊筑波大学助教授が犠牲となっていた。

新疆ウィグル自治区の住民は、後から移住した漢族を除けば、ほとんどがイスラーム教徒なので、中国政府にとってイスラーム主義運動の流入や影響力拡大を防ぐために、新疆ウィグル自治区と国境を接する国々と協力することは重要な課題だった。同じ理由で中国は、パキスタンを加盟させることを望んだが、ソ連時代からインドと緊密な関係を維持していたロシアが賛成しなかったために、長らく棚上げとなり、両国を同時に加盟させることで決着するのは２０１７年になってからだった。

合同軍事演習

上海協力機構ができて３ヵ月後に米国で九・一一同時多発テロが発生した。イスラーム過激派のテロリズムに対処することが、上海協力機構にとって焦眉の課題となった。上海協力機構はテロ対策の策定や調整を行うために、ウズベキスタンのタシケントに「地域対テロ機構」を設置するとともに、２００３年以来反テロ合同訓練を実施するようになった。

そして２００７年になるとさらに大規模な合同軍事演習を実施するようになる。以後「平和への使命」の名称で毎年実施されている軍事演習は、「対テロ対策」の範囲を超える規模と内容を持つようになっている。

他方、ロシアの復興を唱えるプーチン政権は、米国の様々な行動――２００３年に多くの国々の反対を押してイラク戦争を開始し、東欧では次々とＮＡＴＯ加盟国を増やし、ミサイル防衛システムを東方に拡大するといった行動――への不信を強めていた。２００３～04年にジョージアとウクライナで起こったカラー革命（大規模な反政府運動による親露政権の崩壊）において、反政府運動に西側諸国からの支援があったことにも、ロシアは激しく反発した。カラー革命は、中国にとっても「和平演変」の現実における表出であり、看過できないものだった。

上海協力機構は軍事同盟ではないことを再三強調しているが、度重なる合同軍事演習は、上海協力機構の性格が内外の脅威に対する集団安全保障機関へと変質しつつあることを示唆している。

現代版『神聖同盟』

上海協力機構の集団安全保障的な動きは、外部からの軍事的攻撃への対処ということに限られていない。上海協力機構は発足当時から主権の尊重と内政不干渉を大原則の一つに掲げており、民主主義や人権擁護といった欧米の思想的影響を受けた国内の反政府運動に抗して現体制を守ることが、時間とともに重要な活動になっている。実際2022年1月にカザフスタンで反政府暴動が激化すると、ロシアは旧ソ連5ヵ国と結成した集団安全保障条約機構（CSTO）の旗印の下で、「平和維持」部隊を派遣した。そして中国も、カザフスタン政府に必要な支援を行うことを明言した。カザフスタン政府擁護は、上海協力機構による直接的な活動ではなかったとはいえ、上海協力機構メンバーの内政において、中露両国が政府側を支援する典型的な事例となった。

さらに上海条約機構は、２００５年以降オブザーバーないし対話パートナーとして、イラン、トルコ、サウジアラビア、エジプトなど10ヵ国以上を受け入れ、２０２１年にはイランを正式メンバーとすることを決定したが、民主主義国と言えるのはインドやモンゴルなど少数であり、機構の六つの当初構成国を含むほとんどの参加国が、権威主義体制を持つ国々である。上海協力機構は「非民主主義国を守る現代版の『神聖同盟』」だという、19世紀ウィーン体制下の君主国同盟になぞらえた趙宏偉の指摘は、上海条約機構の変質を的確にとらえていると言えよう。

新興国は、世界経済の運営の場における存在感を増しているが、G20のような国際フォーラムや、ＩＭＦ・世界銀行のような多国籍機関において、G7先進国の優位性に挑戦したり、取って代わったりしようとはしていない。今のところ新興国は、先進国による世界経済の運営を補完する役割に甘んじている。しかし、「一帯一路」や上海協力機構の動きは、中露を中心とする新興国が、政治的・軍事的側面において、既存の世界秩序原則を踏み越えようとしているのではないかという懸念と疑念を生んでいる。

第7章　新興国は世界を変えるか

中国とロシアを主要メンバーとする上海協力機構が、合同軍事演習を積み重ねていることは、前章で触れた通りであるが、中露両国の行動は「演習」にとどまらないレベルに達している。他の新興国の中にも、目的達成のために軍事力行使を躊躇しない国が増えている。そうした軍事力行使は、平和的な紛争解決という「自由主義的国際主義」世界秩序の根幹を揺るがす行為である。言うまでもなく、新興国の軍事的行動の拡大は、経済力の伸長による軍事力の向上に基づいている。その意味で、中国の行動は特に注意を要するだろう。しかし、世界秩序への軍事的影響力を考える時は、それが、必ずしも経済力だけによっては量れないことに注意する必要がある。軍事力の持つ影響力は、現在の経済力ばかりでなく、過去における兵力・武器や軍事技術の蓄積にも依っている。またそれは、近隣諸国との相対的な軍事力の差によっても左右されるので、地域秩序への影響を通して、世界秩序にインパクトを与える可能性がある。ロシアは、この点を示す好例である。本章では、中露をはじめとする新興国の軍事行動が、地域秩序や世界秩序に与える影響について見ていこう。

1　ロシアの軍事行動

「強いロシア」の再建

ロシアがまだソ連だった時代、そのGDPは世界全体の10%以上を占めると見られていたが、1980年代までに深刻な経済停滞に陥り、ソ連邦崩壊の直前である1990年には世界全体の2・3%にまで落ち込んでいた。ロシアの経済力は、ソ連邦瓦解後さらに急下降して、1999年には世界全体の0・6%でしかないという窮状に陥った。2000年に大統領に就任したプーチンは、「強いロシア」の再建を目標に掲げて、地方政府や新興財閥に対する中央政府の権限の強化によって政治秩序の安定化を図り、また税制・財政改革などによる経済の立て直しを行った。その後、ロシアの重要輸出品である石油・天然ガスの国際価格の上昇にも助けられて、ロシア経済は急速に回復し、2008年までにソ連邦崩壊前のレベルに戻った。

しかし、その間かつてソ連邦の一部だったバルト三国やソ連の影響下にあった東欧・旧ユーゴ諸国は、NATOやEUへの加盟交渉を進め、NATOへは1999年にこのうちの3ヵ国が、2004年には7ヵ国が参加した。EUにも、2004年に10ヵ国が、2007年にはさらに2ヵ国が加盟した。こうした動きは、プーチンには、ロシアを仮想敵国とする国家集団が、国境のすぐそばまで押し寄せてきたかのように見えた。そして、2003年と2004年に旧ソ連のジョージアとウクライナでいわゆる「カラー革命」が起こり、親ロシア政権が打倒されたことは、プーチンの怒りと危機感を一層高めるものだった。

近隣国への軍事侵攻

そこでプーチンは、ジョージアの南オセアチアとアブハジアでジョージアからの離脱をめざしていた親ロシア住民を保護するという名目で、2008年に軍事侵攻を行い、ジョージア軍を圧倒したのだった。このロシア・ジョージア戦争では、正規軍による軍事的圧迫に加えて、民間軍事会社による介入、相手国内における政治的工作、インターネットによるフェイクニュースの拡散、サイバー攻撃などを組み合わせた「ハイブリッド戦争」が顕著に見られたと言われる。

ロシアが軍事力を使ってでも隣接地域を勢力圏として確保しようとする姿勢は、2014

年のウクライナへの介入でいっそう明らかになった。ウクライナでは、EUとの連携を見送った親ロシア派の大統領に対する反対運動が激化し、この大統領を2014年2月に解任した。それに対してプーチンは、ロシアがウクライナから租借して軍港を置いていたクリミアに、国籍標章のないロシア特殊部隊を派遣し、クリミアを軍事占拠した。そして住民からの要請があったとして、クリミアをロシアに編入した。さらにロシアは、ウクライナからの分離をめざす東部2州の親ロシア派住民による軍事的な反政府行動を支援した。その結果、これら2州は事実上ウクライナの統治をはずれた状態になったのだった。

そして、2021年にはNATO加盟をめざすウクライナ政府を牽制するために、ロシア・ウクライナ国境に10万人を越えるロシア軍を展開し、2022年2月大規模なウクライナへの軍事侵攻を開始した。

シリア内戦への軍事介入

プーチンはロシアの軍事力を、2011年以来内戦が続くシリアでも行使した。「アラブの春」に巻き込まれたシリアでは、2011年1月以来、反政府運動が活発になり、次第に内戦状態に陥った。その中で窮地に陥ったアサド政権を救ったのがロシアだった。アサド政権の要請を受ける形で、シリア政府への直接的な軍事支援に乗り出したのである。具体的には、「イスラーム国（正式にはイラク・レバントのイスラーム国＝ＩＳＩＬ）」攻撃を口実に、ロシア空軍がシリアに駐留し、反体制派地域全体を空爆するようになったのである。その結果アサド政権が軍事的に盛り返すに至ったのだった。

中東・北アフリカは石油・天然ガスの巨大な埋蔵地・供給地として、またイスラエル・パレスティナをめぐる紛争地として、米国の利害が深く絡んだ地域である。ロシアは、その中東・北アフリカ地域での足場を、シリアに確保したのである。

世界秩序原則への挑戦

もちろん、国際的な合意がない、あるいは薄弱な状況の下での軍事力の行使は、何もロシアに限ったことではない。九・一一米国同時多発テロへの対応としてのアフガニスタン攻撃は、ＮＡＴＯによる集団的自衛権の発動として行われたが、２００３年のイラクへの攻撃は、米軍を中心とする有志連合が、フランス、ドイツ、ロシア、中国など国連安保理メンバーを含む有力国の反対を押し切って実行したものだった。米軍は２０１１年に一度イラクから撤退したが、イラクやシリアにおいて「イスラーム国」が勢力を拡大したために、２０１４年になって再びイラクに、２０１６年にはシリアに出兵することになった。この時もシリアについては、当事国政府の要請や国連安保理決議に基づく出兵ではなかった。そして２０１４

年以降米空軍がイラクとシリアの「イスラーム国」地域への空爆を行ったのである。

このように、「自由主義的国際主義」の原則を逸脱した軍事行動は、世界秩序の主導者である米国自身によっても行われていた。しかし2014年以降のロシアのウクライナにおける行動は、「自由主義的国際主義」の原則を根本的に否定する内容を含んでいるという意味で、これまでの逸脱行動とは質的に異なる。それは、ロシアがウクライナへの一時的な出兵ではなく、主権国家として国際的に承認された(ロシア自身も一度は認めた)ウクライナの領土の一部を切り取って自国に編入しようとする行動を進めているからである。

2 中国の軍事行動

中国の軍事力

しかし現在、軍事力による世界秩序への挑戦の可能性という点で、ロシア以上に懸念されるのは中国だろう。軍事分析会社グローバル・ファイアパワー(Global Firepower)社が戦力、経済力、天然資源、地理などに基づいて作成した「戦争遂行能力」の世界ランキングによれば、中国はまだ米国、ロシアに次ぐ3位である。しかし中国の軍事費の伸びは著しく、1990年には米国の3251億ドルの3%にすぎなかった中国の軍事支出は、2010年には

14・3%、2020年には32・4%に達した。しかも中国の軍事費は、公表の数値よりずっと大きいと言われている。

それに対してロシアの軍事支出は、2010年も2020年も米国の8%にしかすぎない。中国の総合軍事力が早晩ロシアを上回るのは確実だと思われる。

中国自身も軍事力増強の意図を明確にしており、2017年10月に開かれた共産党第19回大会では、習近平国家主席（共産党総書記）が、21世紀の中頃までに中国が世界一流の軍事強国になるべく、人民解放軍の近代化を進めることを明言したのだった。

南シナ海と東シナ海での行動

実際に中国は、強化された軍事力や軍事力行使の脅しを、周辺海域で使うことを躊躇していない。その典型は南シナ海における中国の行動であろう。南シナ海では、中国政府が「九段線」と呼ぶ海上国境線を一方的に設定し、その内部を領海ないし排他的経済水域・大陸棚だと主張、同じ海域に属するベトナム、フィリピン、マレーシア、インドネシアといった東南アジア諸国を排除しようとしている。そして2014年頃から中国は、複数の岩礁の埋め立てを強行し、そこに滑走路、港湾、格納庫、レーダー施設などの軍事施設を建設し始めたのだった。

これに対してフィリピン政府は、常設仲裁裁判所に国連海洋法条約に基づく訴えを起こし、裁判所は２０１６年に、中国の九段線には歴史的根拠がなく、また岩礁は「岩」であって法的には排他的経済水域や大陸棚を構成し得ないとの裁定を下した。中国の九段線の主張は国際法違反であることが、中国も締約国である国際的な常設仲裁裁判所によって宣言されたのである。しかし中国政府は裁定受け入れを拒否したばかりか、岩礁の埋め立てや軍事基地化をいっそう進めている。ベトナムやフィリピンの漁船や石油・天然ガス探査船に対する強制的な排除行為も行われている。

さらに中国は、東シナ海においても軍事的な活動を活発化させている。尖閣諸島をめぐる日中間の争いは、２０１０年9月に尖閣沖で起こった中国漁船による海上保安庁船への衝突事件をきっかけに表面化したが、日本政府が尖閣諸島を国有化した２０１２年9月以降、激しさを増した。この2ヵ月後に共産党総書記に就任した習近平の下で中国は、海警（日本の海上保安庁に当たる沿岸警備隊）の船舶を中心とする公船による尖閣諸島の接続水域への侵入を増やした。その回数（延べ船籍数）は、２０１１年にはわずか11回であったものが、２０１２年には４２９回、２０１３年には８１９回に達したのだった。領海への侵入も2回から73回、１８８回へと急増した。中国海警による尖閣諸島の接続水域や領海への侵入は、その後も高い水準を保ち、２０２０年には１１６０回と80回を数えた。

その間（２０１８年）海警は、中国国務院（中央政府）公安部の国家海洋局から、共産党中央軍事委員会の指揮下にある人民武装警察（武警）へ移管された。人民解放軍と同じ指揮系列に連なったということであり、海警は事実上の「第二海軍」になったと見てよい。中国は海警船の数を急速に増やすと同時に、その大型化や高機能化をはかっており、その軍事行動能力は既に日本の海上保安庁を上回っている。

反故にされた「一国二制度」

中国は香港と台湾に対する軍事力と警察力を背景とした圧迫も強めている。香港は１９９７年に英国から中国に返還される際、英中合意（英中共同声明）によって、50年間「香港特別行政区」として高度な自治を与えられることが約束されていた。いわゆる「一国二制度」の約束である。ところが、２０１４年になって中国政府は、香港特別行政区の長官選挙に介入し、候補者を親中派で固めようとした。それに反発したのが若い学生たちであり、彼らを中心とする市民の街頭デモが拡大した。彼らは催涙ガス弾を避けるために傘を多用したため、この運動は「雨傘運動」と呼ばれた。

一国二制度の約束を反故にしようとする中国政府と、その支配下にある香港特別行政区政府に対する市民の大規模な反対運動は、２０１９年に再発した。反対運動の直接のきっかけは、香港特別行政区政府が逃亡犯条例を改定して、香港から中国への「犯罪人」引き渡しを可能にしようとしたことだった。この条例改定が行われれば、中国政府が犯罪認定を下した場合、香港の民主派の人士が中国に引き渡されることになる。これは一国二制度を揺るがす制度変更であり、それへの反発が、2014年を上回る規模の市民の街頭デモ・占拠運動を引き起こした。それに対して、中国政府は2020年6月に香港国家安全維持法を制定し、民主派の活動家や言論人の逮捕・投獄に乗り出した。こうして英中間の国際合意に基づく香港の一国二制度は完全に破壊されたのだった。

台湾への脅迫

台湾については、米中が1979年に国交を正常化するにあたって、米国は台湾が中国の一部であることを認める一方、台湾問題の「平和的解決」を期待するとの政府声明を出した。しかし中国政府は、「台湾の祖国復帰を解決し、国家統一を完成する方式については、これは全く中国の内政問題である」として、武力行使の可能性を否定しなかった。実際中国は、台湾で独立志向の動きが強まる度に、軍事力による台湾攻撃の脅しをかけたのだった。1995年には、独立志向の強い李登輝総統が米国ビザを与えられ、コーネル大学で政治色の強い講演を行ったことに対して、台湾近海でのミサイル発射を含む大規模な軍事演習を行った。

1996年には総裁を直接選挙で選ぶ台湾最初の試みを前に、中国がさらなる軍事威嚇を行ったので、米国が二つの空母戦闘群を派遣するという危機的な事態になった。

また2000年に独立を党是とする民進党の陳水扁政権が成立すると、中国は2005年に反国家分裂法を制定し、平和統一の可能性が失われた時は、「非平和的方法」をとることを定めた。同時に同法は、統一後「台湾は大陸と異なる制度をとり、高度の自治を行うことができる」とも定めた。一国二制度の約束である。

しかし2019年に香港でおこった事態は、こうした中国の約束がもはや信用できないことを明らかにした。台湾では民進党政権に対する支持が強まり、2016年に就任し、2020年に再選された蔡英文総統が、一国二制度が受け入れられないことを明言した。米国、日本や多くの欧州諸国も台湾の立場を支持した。それに対して中国は軍事力行使の脅しをエスカレートさせた。2019年には、人民解放軍の戦闘機が台湾海峡中間線を突破して飛行し、以後その軍事力誇示の活動はやむことなく続いている。

この間、豊富な予算に支えられた人民解放軍の増強が続き、米国が台湾への武器売却を増やしてきたにもかかわらず、中台間の軍事力バランスは中国側に大きく傾いており、人民解放軍による台湾への軍事侵攻が現実味を持って語られる状態になっている。

このように見てくると、「限定された自由主義的国際主義」の世界秩序は、その政治的・

軍事的側面に関する限り、また東シナ海から南シナ海にかけての地域に関する限り、中国によってなし崩し的に崩されつつあると言わざるを得ない。国際法や国際合意に基づく紛争の平和的解決という原則が赤裸々に、かつ大規模に破られているからである。

3 他の新興国の軍事行動

ブラジルと南アフリカの場合

ロシアや中国と比べて、他の新興国が周辺への戦力投射能力を使って、地域秩序の改編に影響を与える可能性は低い。BRICSの一角を占めるブラジルは、ラテンアメリカでは飛びぬけて大きな軍事大国であるが、その軍事力は麻薬取締まりのような国内治安問題に向けられており、周辺国への軍事力行使や、その脅しのために使われることはない。

ブラジルはパラグアイとボリビアとの間で、それぞれ電力購入費と天然ガス購入費をめぐる紛争を抱えている。また野党への支援物資の流入を阻止しようとするベネズエラのマドゥロ政権によって、国境を閉鎖される問題も抱えている。しかし周辺諸国との国境そのものは、ずっと以前に画定されていることから、軍事行動に訴える誘因は弱い。

さらにブラジルが米国・カナダやラテンアメリカ諸国とともに参加しているOAS（米州

機構）は、国際法の順守、基本的人権の尊重、紛争の平和的解決、集団的安全保障をうたい、民主主義擁護を目的の一つとして掲げている――という意味で、「自由主義的国際主義」世界秩序の西半球版と言え、そこで周辺国に対して軍事力を行使することは、ブラジルにとってほとんど考えられないことである。

他方、南アフリカの総合軍事力は、アフリカでは一位に評価されているが、南アフリカはブラジルと同様、深刻な国境紛争を抱えていない。その上、1994年に行われた白人政権からアフリカ人政権への権力移行を平和裏に成し遂げた経験が、紛争の平和的解決を一種の国是とする傾向を強めた。南アフリカ軍の活動は、アフリカ諸国での国連平和維持活動への参加に限られている。

インドの場合

インドは、総合軍事力で中国に次ぐ四位を占める国である。しかも中国とパキスタンという軍事力の高い国々と国境紛争を抱えている。中国とは1959年に激しい戦闘を行って以来、小康状態が続いたが、2010年代半ばから対立が再燃し、2020年には両軍兵士同士の衝突で死者が出るほどになっている。

インドは、パキスタンとも主にジャンムー・カシミール地方の帰属をめぐって武力紛争を繰り返してきた。正規軍同士の大規模な戦闘に小規模な衝突やテロ攻撃などを加えれば、それは両国が独立した1940年代から続く絶え間ない紛争だと言ってよい。

ただし、インドの中国やパキスタンとの軍事紛争は、「限定された自由主義的国際主義」秩序の中で続いてきた地域的撹乱要因の一つだと見るべきである。パキスタンと中国によって牽制されているインドには、単独では地域秩序や世界秩序の改編を行う能力はない。

中東・北アフリカ諸国の場合

BRICSのメンバーではないが、総合軍事力の点で、トルコ(11位)、エジプト(13位)、イラン(14位)、サウジアラビア(17位)は中東・北アフリカ地域のトップ4ヵ国であり、軍事行動によって地域秩序に一定の影響を与えている。

トルコはIMF、世界銀行やNATOといった第二次世界大戦後の世界秩序を支える重要な国際機関の、ごく初期からの加盟国である。また時折の軍事クーデタによる中断にもかかわらず、21世紀初頭まで民主主義体制を維持した中東・北アフリカ地域では珍しい国である。その意味でトルコは、「限定された自由主義的国際主義」秩序を支える重要なメンバーであった。

しかし、第4章で触れたように、エルドアン政権の下でトルコは、次第に世俗主義・民主主義を軽視して、イスラーム色の目立つ民族主義的かつ権威主義的傾向を強めるようになった。内戦中のシリア北部で2015年末にクルド人が自治政府を樹立した時には、トルコ国内のクルド人の分離運動を活性化させることを恐れたエルドアンは、2016年8月に地上部隊によるシリア侵攻に踏みきった。そして、2019年までにシリアの北部国境地帯の一部を半永久的な「安全地帯」として占拠するに至った。

シリア侵攻の1ヵ月前には、エルドアン政権に対する軍事クーデタ未遂事件が発生し、以後エルドアン政権による国内外の政府批判者に対する追及が厳しさを増した。それに対して欧米諸国はエルドアン政権の権威主義的な姿勢を強く批判した。一方のエルドアンは、ロシアに接近することで、それに応えた。すなわち、2016年のシリア侵攻にあたって、シリア政府を支援するロシアと対立していたそれまでの政策を改め、ロシアとの関係を改善する方向に動いたのだった。そして、2018年にはロシア製のS400地対空ミサイル・システムの導入を決めるまでになった。

ロシアはソ連時代にはNATOにとって第一の仮想敵国であり、現在もウクライナをめぐって深刻な対立状態にある。そのロシアから防空ミサイル・システムを購入するという行動は、NATOの一員であるトルコの立場と180度矛盾する行為である。トルコのEU加盟交渉が難航していることも併せて考えると、トルコは「限定された自由主義的国際主義」世界秩序から離れ始めているのかもしれない。

ただし、今のところトルコによる周辺への直接的な軍事力行使は、シリア北部に限られている。それ以外には、2020年のアルメニア・アゼルバイジャン紛争において、アゼルバイジャンに無人攻撃機を提供し、その勝利に貢献したことや、リビア内戦で西部のトリポリ暫定政権を支援するために、シリア人傭兵を送り込むなど、間接的な影響力行使に限られている。

リビアについては、エジプトが東部のリビア国民軍を支援しているので、リビア内戦には中東・北アフリカ地域の二大軍事大国であるトルコとエジプトの代理戦争という側面がある。しかし、より本格的な代理戦争はイエメンで戦われている。そこではイランとサウジアラビアに支援された勢力が激しい戦闘を繰り返している。

しかし中東・北アフリカ地域は、これまでも「平和的な紛争解決」という「自由主義的国際主義」の原則が「限定された」状態が続いてきた地域であり、最近の代理戦争もその延長にすぎない。中東・北アフリカの新興国による単独の軍事行動が世界秩序に与える影響は、今のところ限定的だと見るべきだろう。

4　新しい世界秩序構想?

「自由主義的国際主義」からの逸脱

第6章の1節で触れたように、第二次世界大戦後に形成され、1990年代に世界大に広がった「自由主義的国際主義」秩序とは、「主権国家の内部と主権国家同士の紛争を、主権国家や国際社会を構成するメンバー間の合意に基づいて作られたルールや取決めによって解決する」ことを、メンバーが大原則として受け入れることで維持される秩序だった。ただし、現実には第4章で見たように、民主主義的な手続きを無視したり軽視したりするリーダーが支配する権威主義国は常に存在してきたし、本章で見てきたように、国際的なルールに基づかない、あるいはそれに違反する軍事的行動をとる国もあった。

にもかかわらず、少なくとも2010年代半ばまでは、ほとんどの国が原則としては「自由主義的国際主義」を受け入れていたように見える。しかし今、新興国は「自由主義的国際主義」の原理そのものを変えようとしているのだろうか。

第3章で分析したように、個々の主権国家の内部を見ると、世界が全体として民主化に向かうだろうという1990年代の期待は、次第に尻つぼみになり、2010年代後半には権威主義化という逆の潮流が強くなった。それでも多くの新興国では、国民による直接選挙を実施することによって、民主主義の体裁を守ろうとしている。その意味で、まだ原則としての「自由主義的国際主義秩序」の中にとどまっている。しかし、大きな例外がサウジアラビアと中国である。

サウジアラビアでは、国会にあたる諮問評議会の決定は、国王と閣僚会議に受け入れられるものでなければならない。その上、諮問評議会議員は全員国王によって任命される。地方では2005年に議会選挙が始まったが、対象は定員の半数（後に3分の2に引き上げ）のみだった。

中国では1980年代の末に、村落レベルの「自治委員会」を村民が直接投票で選ぶ選挙制度が導入された。直接選挙方式は1990年代以降、都市部の社区居民委員会にも広がったが、これら住民自治団体の選挙や運営は、地方行政府や共産党の強い影響下にある。国会にあたる全国人民代表大会の議員は、省や自治区などの人民代表大会や人民解放軍による間接選挙で選ばれる。7割が共産党員であり、残り3割も共産党の衛星政党所属である。

行政府の長（国務院総理）は五年毎に人民代表大会が選出することになっているが、実質的には国家元首である国家主席が選んで指名する。その国家主席も五年毎に人民代表大会で選ばれることになっているが、実態として国家主席になれるのは、共産党の総書記である。つまり、国民が国家主席や国務院総理や国会議員を直接選ぶことはできない上に、中国共産党に受け入れられる者でなければ国家主席にも総理にも議員にもなれないのである。

中国の司法も共産党政権の意向に反する判決を下したことがない。共産党に批判的な人権派弁護士等の事例で見られるように、一度逮捕されれば、長年拘留されたのち、過剰な懲役刑を課されるのが普通である。

そして中国が他の新興国と異なるのは、自分の制度が優れていることを公然と主張していることである。中国では、直接選挙ではなくても、最終的に選ばれたリーダーが率いる共産党と政府の下で、賢い政策が実施され、国民の安全と福祉を向上させてきた、その結果国民も政府を強く支持している――というわけである。民主主義ではなく権威主義を正面から正当化することで、国内の政治体制に関する「自由主義的国際主義」の原則を否定しているという点で、中国は特異である。

ナショナリズムの扇動

権威主義体制を原理として正当化する中国の論理は、各国で自己の支配を永続化したいと願う政治家にとって都合の良いものである。しかし中国の論理が今のところ中国で通用し得ているのは、中国が経済的に成功して、国民の多数を物質的に満足させているからである。その中国ですら、経済が下降気味になった時や、経済格差が目立つようになった時には、不満拡大への懸念が共産党指導部の間に強まる。そうした場合に、権威主義的なリーダーが国民の支持を調達するべく使うのが、ナショナル・アイデンティティへの訴えである。国民のナショナリズム感情を煽る対外政策をとることで、社会的圧力を回避しようとするのである。

ロシアではプーチンに対する支持が、ジョージア戦争やウクライナ侵攻によって上昇した。同様に中国では、「民族復興の中国の夢」を繰り返し語り、21世紀半ばまでに世界のリーダーになると宣言した習近平への国民の支持は高く、軍事力を背景に、周辺国の意向を無視して強行した南シナ海占拠も、国内の支持は圧倒的である。

このように、国内でナショナリズムを体制正当化に使おうとすれば、対外的に自国中心的な政策をとらざるを得なくなる。ナショナリズム感情は、ひとたび大衆の間に燃え広がれば、抑えることが困難なので、政治指導者はますます国際ルールや他国との合意を無視した対外政策をとる方向に進む。その意味で、国内における権威主義的な支配は、自国の主張を絶対的に通そうとする自国中心主義と密接に結びついている。

そして、対内的な権威主義と対外的な自国中心主義を結びつけるのが国家主義である。権威主義体制とは、国家を握る指導者や指導部が国民の合意のあるなしにかかわらず、上から支配する体制である。自国中心主義も、それを実行するのは軍事力を握る国家の指導部である。

図5　二つの世界秩序

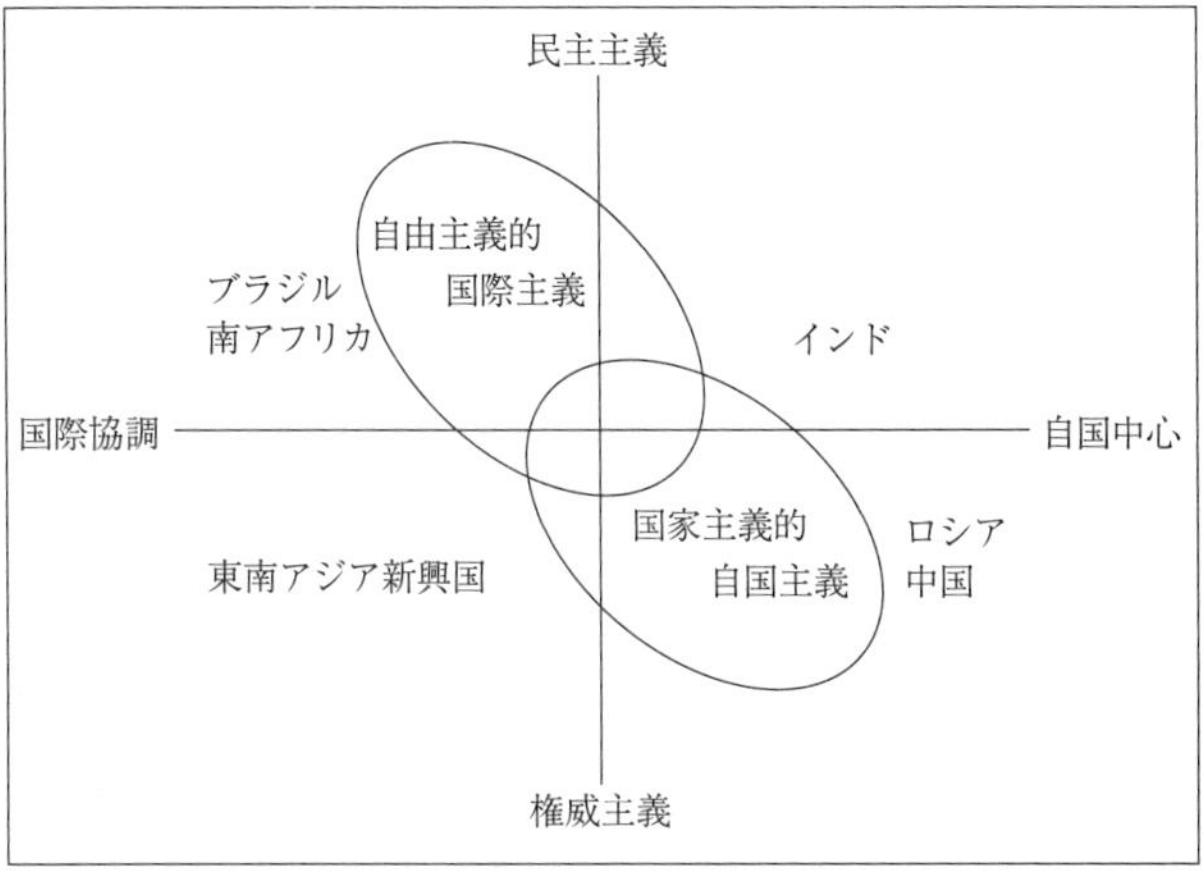

筆者作成

「国家主義的自国主義」という世界秩序

権威主義と自国中心主義と国家主義を三位一体とする秩序（「国家主義的自国主義」と呼ぼう）が「自由主義的国際主義」とどのように異なるかを概念図で示したのが、図5である。

「自由主義的国際主義」が、主権国家内部や主権国家同士の紛争を、それぞれのメンバーの合意に基づくルールや取り決めによって解決することを原則とする秩序であるのに対して、「国家主義的自国主義」における紛争解決は、国内においても国際場裏においても、主権国家の指導部を握る人々によって、メンバーの合意のあるなしにかかわらず行われる。それは当然ながら、強い力（軍事力や経済力）を持つ国家が仕切る世界である。

しかし、それが秩序として安定するためには、自国民と他の国々の不満が高じないようにする必要がある。そこで自国民には経済的福祉とナショナル・アイデンティティを提供し、国際的には自国の「核心的な利益」に関わる事項以外については国際協調の用意があることを強調する。もっとも、何が各国にとって「核心的」かについて国際的な合意があるわけではなく、結局はそれぞれの国が恣意的に決めることになる。

中国では「核心的利益」という言葉が外交用語として公式に使われたのは２００３年で、当時は台湾統一のみを指していたと言われる。それが２０１０年までには「国家主権、安全(保障)、発展の利益を一体として守ること」に拡張された。そして、南シナ海や東シナ海における中国の軍事的活動が活発化したことは本章の2節で書いた通りである。

主要国の「核心的利益」が恣意に任されているとすると、他の国々は不利な取り扱いを受けるリスクを常に抱えることになるので、受け入れるのが難しい。「自国中心主義」の世界は、本来安定化させることが困難なのである。

しかし中国は、「核心的利益」に関わらない、例えば一般的な気候変動問題などにおいては、国際協調を認めている。さらに中国は、グローバル経済に参加することで急速な発展を遂げてきたことから、これまでと同様、世界中の国々と通商や投資を通してつながり続けることを求めている。それは、米国のトランプ政権がＷＴＯ違反の関税措置を連発したのに対して、中国がWTOを含むグローバル経済の擁護を明確にしたことに、象徴的に示されている。

もっともトランプは、中国をはじめとする国々が、自由な市場活動という国際ルールを無視ないし軽視することで、米国を不当に不利な立場に立たせているからという理由で、自己の行動を正当化した。中国に対しては特に批判的で、多数の国営企業を維持・優遇していること、金融市場を統制し続けていること、知的財産権を踏みにじったり、外国企業に技術移転を強制したりしていることなどを理由に、様々な制裁措置をとった。2021年に政権についたバイデン民主党政権も、中国に対する基本的な姿勢は変わっていない。

知財や国営企業などについての米国政府の批判は概ねあたっており、それらは「自由主義的国際主義」に反する行為である。しかし、中国は世界経済との結合を維持することには熱心であり、かつ「核心的利益」以外の事項について他国と協調することも否定していない。つまり自ら「デカップリング」を積極的に進めるところまでは行っていないということである。その意味で、現実の「自由主義的国際主義」に「限定された」という形容詞が必要だったように、「国家主義的自国主義」にも「限定された」という形容詞をつけるべきであろう。

実際、トランプ政権下での激しい米中間の経済摩擦にもかかわらず、表9が示すように、中国の総貿易額に占める米国の比率は13％前後で、10年前と比べてほとんど変わりがない。

表9　総貿易額（輸出＋輸入）に占める相手国・地域別比率（年間平均%）

	1998-00	2008-10	2018-20
中国			
対米国	16.6	13.2	12.8
対EU	14.8	16.4	15.4
対ロシア	1.7	1.9	2.3
ロシア			
対米国	6.7	3.7	4.0
対EU	39.8	51.5	42.2
対中国	4.2	8.5	16.8

注：UN ComtradeおよびUNCTADデータベースより作成

EUとの貿易額も16%前後で、わずかに減っただけである。それと比べて、近年、国際政治上の関係緊密化がめだつロシアとの貿易は、わずか2・3%にすぎない。

ただし表9が示すように、ロシアから見ると、中国との通商関係の重要性は倍加している。ロシアのウクライナ侵攻にあたって、中国はロシアの立場に理解を示し、国連総会におけるロシア非難決議に賛成しなかったばかりか、ロシアからの原油輸入を拡大することで、事実上ロシアを経済的に支援したのだった。もっとも、そのロシアですら、2022年のウクライナ侵攻までは、EUがとびぬけて重要な貿易相手であった。

中露同盟

このように中国とロシアは、欧米諸国との経済関係を維持しようとしながらも、「自由主義的国際主義」の対極をなす「国家主義的自国主義」の立場を鮮明にしつつある。それを可能にしているのは、両国における軍事力の強さである。しかもこの両国は近年協力関係を深め、事実上の同盟国になっている。

中国とロシアが上海協力機構の下で、欧米の影響に抗して自分の政治体制を守ろうとしてきたことは、第6章5節で述べた通りである。両国の協力関係は、2014年頃からいっそう緊密になった。ロシアはクリミア併合などをめぐって、中国は南シナ海の強引な占拠をめぐって、欧米諸国などからの批判が強まった時期である。

中露両国は、一致して経済制裁には強く反発した。ロシアがウクライナのクリミアを併合し、東部二州を事実上支配下に置いた2014年には、両国は長年の懸案事項だったロシア天然ガスの中国への供給について合意し、両国間のガス・パイプライン建設を進めることを決定した。ロシアは中国への最新兵器の供給については、中国による技術盗用を警戒して慎重であったが、2014年には、世界一の迎撃能力を持つS400地対空ミサイル・システムの売却契約を、2015年には最新鋭のSu35戦闘機の売却契約を結んだ。

両国の軍隊が合同演習を強化するのも同じ時期であった。2014年には東シナ海で、2015年には地中海で、2016年には南シナ海ではじめての海軍合同軍事演習が行われた。同様の海軍の合同演習は、2017年には日本海とバルト海・オホーツク海へ、2019年にはインド洋へと広がり、規模も大きくなった。こうした中露間の接近は、かつて中ソ対立が米国による共産圏切り崩しの足掛かりとなり、それが米国主導の世界秩序の拡大をもたらしたことを考えると、隔世の感がある。今は、米国と中露それぞれの対立が、中露間をかつてないほど強固に結びつけているのである。

5 変わる世界の形

二つの世界秩序

中国とロシアが組めば、米国主導の「自由主義的国際主義」世界秩序に挑戦する力は飛躍的に大きくなる。しかし、だからと言って欧米諸国が主権国家内外の紛争を力で解決する方法を原理として受け入れることは考えられないし、軍事力で中露に圧倒されることも、ありそうにない。つまり中露主導の「国家主義的自国主義」秩序が拡大していったとしても、それが世界で唯一の秩序になることはないだろう。おそらく当面は、「限定された自由主義的国際主義」と「限定された国家主義的自国主義」が併存し、競合する世界になるのではないかと思われる。

ただし、この二つの世界は、完全には分離せず、経済面を中心に結びつきを維持するだろう。そして他の新興国や途上国の指導者は、二つの世界の競争を利用して、自己の政権を維持し、同時に、できるだけ大きな経済的利益を得るようにふるまうだろう。

ている。

インド・ブラジル・南アフリカの立ち位置

インドは、その好例である。インドは、モディ政権の下でイスラーム系住民に対する非寛容な姿勢を強めているものの、国内制度としては民主主義体制を維持している。しかしインドは、対外的には自国中心主義的行為がめだつ国である。図5では右上の第一象限に位置している。

日本が主張し始め、米国のトランプ政権も2017年に採用した「開かれたインド・太平洋」構想は、南シナ海からインド洋に向かって拡張しようとする中国の「国家主義的自国主義」を抑制するために、インドを「自由主義的国際主義」の側に引き入れることを目指していた。同様に日本のイニシアチブで始まったクワッド（日米豪印4ヵ国戦略対話）においても、インドはオーストラリアと並んで、積極的に参加することを期待された。

しかしインドのモディ政権の立場は中途半端であり、中国と国境紛争を抱え、中国が支援するパキスタンと敵対関係にあるにもかかわらず、「中国包囲網」と受け取られかねない動きに参加することには消極的である。インドは、自国に不利になることを恐れ、2017年に、中国を盟主とする上海協力機構に、パキスタンと同時加盟した。それに対して、クワッドの首脳会議に参加し、それを定例化することに同意するのは2021年になってからである。

インドは経済面でも、自国中心主義が顕著に見られる。２０１９年には、中国などからの輸入が増えることを恐れて、ＲＣＥＰ（地域的な包括的経済連携）協定の交渉から離脱し、２０２１年の協定調印にも参加しなかった。経済面におけるインドの自国中心主義的な態度は、ＲＣＥＰに参加し、ＣＰＴＰＰ（環太平洋パートナーシップに関する包括的及び先進的な協定、通称ＴＰＰ11）協定への参加を申請した中国の態度とは好対照をなしている。皮肉なことに国際通商に関する限り、インドよりも中国の方が「国際主義」的なのである。ロシアのウクライナ軍事侵攻の際も、インドは中国と同様、国連総会でのロシア非難決議を棄権し、経済制裁に参加しないどころか、ロシアからの原油輸入を大幅に増やすことで、ロシアの制裁逃れを助けたのだった。

ＢＲＩＣＳの中で、ブラジルと南アフリカも対ロシア経済制裁には加わっていないが、この両国は、今のところ国内的にも対外的にも「自由主義的国際主義」の枠内にとどまっている。

ブラジルのボルソナーロ前大統領（在任２０１９〜22年）は、個人としては「国家主義的自国主義」への志向を持つ人物であるが、分権的で多元的なブラジルの政治制度を変更したり、ＯＡＳから脱退したりできるほどには、国内的支持を集めることができなかったため、国としてのブラジルは、「自由主義的国際主義」の下にとどまっている。

南アフリカのズマ前大統領（在任2009〜18年）は、国内最大のエスニック集団であるズールーの支持を基盤として、自己の権力を大規模な汚職と腐敗に使うことで、南アフリカ経済を破綻に追いやった人物である。にもかかわらずズマが、2021年に法廷侮辱罪で一時収監されるに至ったことは、南アフリカの民主主義制度が、なお機能していることを示している。

もっとも、ブラジルと南アフリカが、世界秩序の中で最終的にどのような立ち位置をとるかは、ロシアが経済的苦境に陥って、BRICSの緊急時外貨準備基金に支援を要請するような事態が生じた時、両国がそれに応じるかによって判断できるだろう。

東南アジア諸国の立ち位置

図5において、インドと対極に位置するのが東南アジアの六つの新興国である。このうち2017〜19年にポリティ2指標で民主主義度が高い（指数7以上）と判断された民主主義国はフィリピンとインドネシアで、他の4ヵ国（マレーシア、シンガポール、タイ、ベトナム）は、多かれ少なかれ権威主義色の強い政治体制を持っている。フィリピンでもドゥテルテ大統領（在任2016〜2022年）は麻薬犯罪容疑者については超法規的な殺害を奨励するな

ど、権威主義的な姿勢を持っていた。その意味で、東南アジア新興国の多くは、中露の「国家主義」に親和的である。

しかし東南アジア諸国は、国際的に「自国中心主義」に与することには慎重である。「自国中心主義」秩序の下では、南シナ海で起こったように、国際紛争にあたって、結局は軍事力の強い国の意向が通る。経済面では、中国資本によるインフラ整備や中国との通商が多大の利益をもたらすと期待できる反面、資源問題や債務などをめぐって紛争が生じた時、中国政府が自国や中国企業の意向よりも東南アジア諸国の利益を優先してくれる保証はない。インドのような大きな国内市場を持たない東南アジア諸国は、経済的に自国中心主義を採ることも不可能である。彼らは、日米をはじめとする「自由主義的国際主義」の国々とも経済関係を維持する必要がある。中露主導の「国家主義的自国主義」に身をゆだねるのは、リスクが高すぎるのだ。

中東・北アフリカ諸国の立ち位置

新興国の中で「国家主義的自国主義」に最も近づいているのは、イランだろう。1979年のイスラーム革命以来、イランは欧米諸国との摩擦を重ね、核開発の動きを見せたために、経済制裁の対象にもなってきた。しかし2015年にイラン、米国、英国、フランス、ドイツ、ロシア、中国の間で「核合意」が結ばれ、イランが濃縮ウランや遠心分離機を大幅に削減し、兵器級のプルトニウムを製造しない見返りに、イランに対する経済制裁は段階的に解除されることになった。ところが2018年になって、トランプ政権が突然「核合意」からの離脱を宣言し、イランへの経済制裁を復活・強化したために、国際協調に対するイランのインセンティブが顕著に低下した。

2019年以降、イランが関与したことが疑われる民間船舶への攻撃・拿捕事件が多数発生した。2019年12月にはインド洋北部で、はじめてイラン海軍によるロシアおよび中国との合同軍事演習が行われた。そして同様の3ヵ国合同軍事演習は2022年1月にも繰り返されたのだった。イランは国内的にも権威主義体制の国であり、「国家主義的自国主義」秩序に服属する可能性が大きい。

中東・北アフリカ地域では、イランほどではないにせよ、トルコのエルドアン政権も、イスラーム色や権威主義色の強い政策に対する欧米の批判が高まるにつれ、中露への接近を強めている。本章の3節で述べたように、シリア内戦では、当初トルコとロシアは対立関係にあったが、トルコ・シリア国境地帯のクルド人勢力が伸張することを恐れるエルドアンは、2016年にロシアのプーチンと会って、関係修復に動いた。その結果トルコは、シリア北部への軍事侵攻に踏み切ることができた。同じ年におこったクーデタ未遂事件をきっかけに、米国政府との摩擦が激しくなると、トルコのロシアへの接近は、より明らかとなり、2018年には、ロシア製のS400地対空ミサイル・システムの導入を決めた。これは米国とNATOに対する正面からの挑戦だった。

さらに米国による経済制裁を契機として、通貨危機とインフレが激化すると、トルコは融資や通貨スワップの形で、中国からの支援受け入れを拡大した。ただしエルドアン政権は、新疆ウイグル自治区問題については、手放しで中国を支持できる状態にはない。ウイグル族はトルコ系で、かつイスラーム教徒なので、トルコ国民のウイグル族への同情は大きく、この問題を「中国の内政問題だ」との立場をとるエルドアン政権も、中国を全面的に支持するというわけにもいかないのである。

トルコは経済的にヨーロッパ諸国との関係が深く、EU加盟を目指して長年交渉してきた背景もある。ただし、トルコがEU加盟を断念し、NATOから脱退するといった事態になれば、トルコもイランのように「国家主義的自国主義」秩序に参加する道を歩む可能性がある。

以上から、「新興国は世界を変えるか」という問いに、暫定的な答えを出すことができる。中国とロシアは、「自由主義的国際主義」世界秩序とは対極をなす「国家主義的自国主義」

秩序を形成しつつあるが、後者が前者に取って代わることはできないだろう。さらに、両者は競合するが、二つの理由で断絶はしない。

第一に、「自由主義的国際主義」も「国家主義的自国主義」も原理原則であって、現実そのものではない。それぞれの原則からはずれる行為や状態が、現実として受容されるという意味で、どちらも「限定された」秩序としてのグレーゾーンを持っている。トランプの自国主義的行動や習近平の国際主義的行動に見られるように、時にはグレーゾーンが重なり合うこともある（図5の二つの輪が重なった部分）。

第二に、「自由主義的国際主義」の国々も、「国家主義的自国主義」の国々も、お互いに経済関係を維持することで多大の利益を得ているので、経済的断絶を望んでいない。二つの世界秩序は重なり合いながら競合し、そのあいまいさを利用して、他の新興国の政治指導者は、自分や自国の安全と福祉の最大化を図ろうとするだろう。

新興国は世界秩序を二つに分裂させつつあるが、それは奇妙な一体性を持つ世界である。

終章　日本は新しい世界とどう向き合うか

新興国の経済的重要性

第6章で触れたように、リーマン・ブラザーズ危機とユーロ圏危機は、先進国経済の脆弱性を露わにし、改めて新興国のバイタリティへの期待を高めた。しかし先進国の危機は世界大の不況をもたらしたので、新興国による製造業品や天然資源の輸出も打撃を受けざるを得なかった。その結果、2010年代後半になると、それまで快進撃を続けてきた新興国の経済も、低調に転じたのだった。中には、序章で採用した「新興国」の定義をそのまま使うと、「新興国」の地位から脱落する国も出ている。

それでも表10が示すように、新興国の中には、先進国よりも高い経済成長を続ける国が、アジアや中東・北アフリカを中心に存在する。2020〜21年の成長率はコロナ禍によって

表10　ＧＤＰ成長率予測（％）

	2017-19年 平均実績値	2022-23年 平均予測値
インド	5.8	6.5
サウジアラビア	0.7	5.7
エジプト	5.0	5.5
ASEAN5ヵ国	5.2	5.1
パキスタン	4.4	4.8
トルコ	3.8	4.0
中国	6.5	3.8
カザフスタン	4.2	3.5
ナイジェリア	1.6	3.1
アルゼンチン	-0.6	3.0
イラン	-0.3	2.5
韓国	2.8	2.3
ポーランド	5.0	2.2
ブラジル	1.5	1.9
EU	2.0	1.8
日本	0.7	1.7
メキシコ	1.4	1.7
南アフリカ	0.9	1.6
米国	2.5	1.3
ロシア	2.2	-2.9

注：ASEAN５ヵ国はシンガポール、マレーシア、インドネシア、フィリピン、ベトナム
出所：IMF World Economic Outlook database, October 2022および世界銀行世界開発指標データベースより作成

不規則になったので、２０２２～23年の平均成長率をＩＭＦが２０２２年10月に出した予測値を使って算出してみると、インド・ＡＳＥＡＮ諸国・中国などアジアの新興国と、トルコ・エジプト・サウジアラビアといった国々の成長率は、米国、ＥＵ、日本の成長率よりもずっと高い。

２００８年以降の世界的不況や２０２０年以降のコロナ禍にもかかわらず、世界経済において新興国が重要性を増し続けているという事実は、変わっていない。

長い間国内需要の低迷に悩む日本経済にとって、成長する新興国市場は最も有望な市場である。しかも今日の製造業では、多くの国に立地する企業が部品・材料を分業生産して、全体としてグローバル生産網を構成している。日本に立地する先発企業（リード企業）も、新

興国の日系・非日系現地企業と緊密なバリューチェーンによって結ばれているのである。それに加えて、日本はエネルギー資源や鉱物資源の多くを、新興国からの輸入に頼っている点も忘れてはならない。

日本は、アジアNIEsやASEAN諸国と比べて貿易依存度が低いと言われてきた。確かに日本の物品の総貿易額（輸出入の合計）の対GDP比は、2000年に17％強であり、他のアジア諸国よりずっと低い。しかも17％強という比率は1970年頃からあまり変わっていない。しかし、この比率は21世紀になって上昇し、2006年以降は25％以上で推移している。明らかに貿易依存度が高まっているのである。

しかも、表11で相手国別の比率を見ると、米国とEUのシェアは1998～2000年の42％から2018～20年の27％へと激減している。その分シェアを伸ばしてきたのが新

表11　日本の物品総貿易額に占める相手国別比率（年平均、％）

	1998-00	2008-10	2018-20
米国	26.7	18.9	15.2
EU	15.4	13.7	11.7
ASEAN10	13.9	14.0	15.1
中国	9.2	13.6	22.1
韓国	5.1	5.5	5.5
サウジアラビア	1.8	2.4	2.2
メキシコ	0.8	0.9	1.1
ブラジル	0.7	0.8	0.8
インド	0.6	0.7	1.1
ロシア	0.6	1.0	1.4
南アフリカ	0.6	0.7	0.5
トルコ	0.2	0.2	0.3
ナイジェリア	0.1	0.1	0.1

出所：UN ComtradeおよびUNCTADデータベースより作成

興国である。中国が最大の伸びを示し、今や日本の最大の貿易相手国になっているが、ASEAN諸国、インド、ロシア、メキシコなど、他の新興国も、日本の貿易相手国としてのシェアを伸ばしている。成長可能性を考えれば、今後も日本の貿易相手として、そしてグローバル生産網で結ばれる相手として、新興国の重要性は増していくだろう。

国家主義的自国主義への対応

新興国が重要なのは経済面にとどまらない。第二次世界大戦後、日本人が慣れ親しんだ世界秩序である「自由主義的国際主義」の原則とは対極的な「国家主義的自国主義」の潮流が顕著となり、新興国の一部がそれを推し進めるようになってきたからである。日本は、世界の中での立ち位置を確かめる必要に迫られている。

第二次世界大戦後の日本は、「自由主義的国際主義」の申し子のような国であった。日本国憲法は、その前文で主権が国民にあることを宣言し、すべての国民が「個人」として尊重され、「集会、結社及び言論、出版その他一切の表現の自由」を含む様々な自由と権利を保障されることを、第三章で謳った。国際社会においては、「平和を愛する諸国民の公正と信義に信頼して、われらの安全と生存を保持しようと決意」し、国際紛争を解決する手段として「国権の発動たる戦争と、武力による威嚇又は武力の行使」に訴えることを放棄したのだった。これは、国内では基本的人権と民主主義を尊重し、対外的には国際協調に徹することを宣言するものだった。

こうした「自由主義的国際主義」が日本国民によって広く受け入れられたのは、権威主義体制下での無謀な戦争と敗戦による苦難が、権威主義や戦争を忌避する世論を強くしたためであった。日本の個々の指導者や組織には戦争責任はないとする意見も、１９６０年代以降広まり始めたが、権威主義や戦争を忌避する世論は弱まらなかった。反戦へのこだわりを克服せんという右派からの言説には、左派や自由主義者の主張が対抗した。

しかし、おそらくそれ以上に戦争忌避の世論の再生産を助けたのは、戦争の苦難の記憶を再想起させる記事やドキュメンタリーやテレビドラマが繰り返し流されてきたことだろう。そして、第二次世界大戦後の日本が、長い間平和の中で経済的繁栄を享受できたことによって、「自由主義的国際主義」は、多くの国民にとって疑うことない日常的な世界秩序となった。

しかし、中国の台頭と、中露間の事実上の同盟関係の緊密化、そして両国による「国家主義的自国主義」の実践に直面するようになって、日本と日本国民は自分たちが依って立つ世界秩序の在り方について、熟考することを迫られるようになっている。「平和を愛する諸国民の公正と信義に信頼」することができなくなっているからである。

日本の場合、中露と長い海の国境を共有し、その国境沿いで島嶼の帰属をめぐる争いを抱えていることが、事態を深刻化させている。尖閣諸島をめぐる中国との争いについては前章で触れたが、ロシアとの間でも、北方四島の帰属をめぐる争いが混迷を極めている。日露両国は1956年の共同宣言で、平和条約締結後にソ連が日本に色丹島と歯舞群島を引き渡すことで合意していた。ソ連崩壊後ロシア連邦の初代大統領となったエリツィンは、1993年の東京宣言で、色丹島・歯舞群島にとどまらず、択捉島・国後島も交渉の対象になっていることを認めた。そしてエリツィンの後を継いだプーチンも、2003年の日露行動計画において、東京宣言が今後の交渉の基礎の一つであることを受け入れたのだった。ところが、その後プーチンは次第に立場を後退させ、北方領土で軍事施設や軍備を一方的に増強するのに加えて、2020年には憲法を改正し、その第67条で領土割譲に向けた行為や呼びかけを容認しないという強硬な姿勢を示したのだった。

日本の選択肢

このように日本は、「国家主義的自国主義」を強行する中国・ロシア両国と、近距離で対峙しているという点で、世界で最も困難な位置にあると言える。問題は、「自由主義的国際主義」秩序と「国家主義的自国主義」秩序が、グレーゾーンを共有しつつも、いっそう分離していった場合に、日本が二つの秩序の境界線で、どのような行動をとるべきかである。

日本が「自由主義的国際主義」の立場を変えて、「国家主義的自国主義」にすり寄る可能性はあるだろうか。そうするためには、領土問題で交渉することをあきらめて、軍事力で勝る中露の自国主義に屈せざるを得ない。それでも、緊密な経済関係が維持できれば、日本の民主主義と繁栄に影響はないとする立場はありうる。しかし、領土問題で譲歩すれば、中露が経済面で自国中心主義を自制するという保証はない。中露政府は、日本経済にとって死活的なシーレーンの安全を常に保障してくれるだろうか、エネルギー・鉱物・漁業資源をめぐって中露の企業と日本企業の間に紛争が生じた時、中露政府は自国主義を抑えて譲歩してくれるだろうか。これらの問いに、肯定的な答えを得ることは難しいだろう。

日本が「国家主義的自国主義」に屈することは、新興国を含む世界の他の国々にも影響を与えるだろう。その結果「国家主義」「国家主義的自国主義」が世界中に広まることになれば、それは日本自身の政治体制にも影響を与えうる。すなわち、民主主義下での混乱と政策停滞を批判して、上からの「賢い」統治を正当化する「北京コンセンサス」風の言説が増え、それが国際的にも正当化されるようになれば、日本の民主主義体制は危機に瀕するだろう。それは第二次世界大戦後、長期にわたって自由と民主主義を謳歌し、それになじんできた日本社会を大混乱に陥らせるだろう。

今日の日本社会では、権威主義体制を受け入れる素地が薄く、日本が自国中心主義を貫けるほどの軍事力も経済力も持たないとすると、結局日本は、「自由主義的国際主義」秩序を守る努力を続ける以外に選択肢はない。

そのためには、まず「自由主義的国際主義」の中心勢力である欧米諸国やオーストラリアとの連携を強めていくことが必須であろう。極東やインド・太平洋での中露の自国主義的な行動を抑止するために、日米同盟の強化が必要なことは言うまでもないが、ヨーロッパ諸国やオーストラリアとの連携も深める必要がある。他方、欧州方面でのロシアの自国主義的行動を抑止するために、日本によるNATO諸国への支援も強化すべきだろう。

「自由主義的国際主義」秩序を守るために、それに劣らず重要なことは、二つの世界秩序の間を浮遊する新興国への働きかけである。これら諸国の政治指導者は、前章で述べたように、政治的にも経済的にも二つの世界秩序から最大の利益を得ようと、あいまいな立場をとっている。「自由主義的国際主義」を守るには、これらの国々がイランのように「国家主義的自国主義」に引きずり込まれることがないようにしなければならない。そのためには、第一に欧米諸国自身が自国主義に陥ることがないように説得する必要がある。トランプ政権が一方的にイラン核合意を反故にしたことが、イランをして中露とのいっそうの関係緊密化に追いやったことを忘れるべきではない。

第二に、多くの新興国が権威主義体制を持っていることへの対応を考えなければならない。「自由主義的国際主義」を原則として守り、「国家主義的自国主義」の自己正当化を妨げるためには、民主主義や人権擁護の重要性を説き続けることは必要である。しかし新興国の多くは、権威主義体制といっても、野党の存在を認めたり、定期的な選挙を実施したりして、民主主義体制の体裁を整えようとしており、その意味で、民主主義の原則を否定しているわけではない。こうした国々の政治指導者に民主主義や人権擁護を強硬に迫ることは、彼らを中露寄りに追いやるだけで、非生産的と言わなければならない。彼らに対しては、強要ではなく説得を続けることで、「自由主義的国際主義」秩序のグレーゾーンが広がることを防ぐのが重要だろう。

第三に、新興国の多くがあいまいな態度をとる理由の一つは、経済的利益の確保であるので、日本は欧米諸国と協力して、これら諸国の経済的期待に応える必要がある。第1章で分析したように、新興国は「中所得国の罠」を避けて高所得国への道を歩みたいと考えている。また第2章で触れたように、新興国は普遍的な社会福祉国家の建設を、経済成長と矛盾しない形で進めようとしている。いずれも、経済成長を維持することが必須の条件である。そのような新興国の経済的必要に応えるために、先進国は、一方的な貿易制限のような措置を避けることは当然のこととして、輸入受け入れを拡大したり、インフラ整備・サプライチェーン拡張を支援したりすることも重要である。そうすることで、新興国の継続的な経済発展に寄与することができれば、自由主義的で国際協調的な世界秩序の重要性を、彼らに再認識させることができるだろう。

国内の意見・利害の調整

日本は民主主義体制を持っているので、日本が「自由主義的国際主義」を守るために、対外的に前項で述べたような政策をとろうとすれば、国内の意見や利害を調整することが必須の条件になる点にも留意しなければならない。第1章の4節と第2章の4節では、新興国が経済的・社会的発展を進めるためには、それら諸国内での利害調整が必要であることを指摘したが、世界レベルでの「自由主義的国際主義」を守ろうとする日本についても、全く同じことが言える。

日本が新興国の経済発展に寄与しようとするならば、これら諸国のインフラ整備や技術アップグレードを支援し、彼らからの輸入を促進する必要があるが、それは、日本国内で競争力を失いつつある分野のシェアを減らすことにつながるだろう。他方、日本の経済競争力を世界の中で維持するためには、国内で先端産業の技術革新を後押ししなければならないし、先端産業にとって枢要な半導体やレアメタルなどの原材料については、供給不足やサプライチェーン断絶によるリスクを下げなければならない。

こうした諸政策を進めるには、一方で日本国内での機会を失う事業者や労働者の同意が必要であり、そのために、彼らへの手当の支給や転業支援を考慮しなければならない。他方、先端部門振興のためにも税制上・財政上の支援が必要となる。それは、社会福祉支出などの膨脹によって、GDPの250％を超える財政赤字を抱える日本にとって、容易なことではない。将来、国内での産業調整を進めつつ、同時に財政赤字の削減を進めることは、全国民、全世代の合意を必要とする難題なのである。

財政調整の必要性は、防衛費と社会福祉費を含む他の支出の間にもある。1960年代以来2020年まで、日本は補正予算による支出を含む防衛関係支出を、GDPの1％前後という極めて低い水準に抑えてきた。しかし中露の軍備拡張と自国中心主義的な軍事行動が顕著になっている現在、今のままでは抑止力として十分な防衛力を維持することが難しくなっている。

日本の抑止力に関しては、日米安全保障条約に基づく米国への軍事的依存が高いが、その米国の相対的国力が衰えているために、日本自身がより多くの資源を防衛に使うことを求められている。日本は、2015年に「安保法制」を進めることで、日本が直接攻撃を受けていない場合でも米軍等を支援できる体制を整えたが、自衛隊自身の装備や体制は、中露の

「国家主義的自国主義」への抑止力として働くには、きわめて不十分な状態である。それを正そうとすれば、防衛関係支出を増やさなければならないが、それは社会福祉事業への出費や、産業や事業者・労働者への補助金を削ることを意味する。しかし日本における世論の動向を見てみると、こうした国内の調整が容易でない状況が浮かび上がってくる。

日本世論の現実

表12は、台湾の学術機関が数年おきにアジア諸国で実施している世論調査の第4回調査（2014〜16年実施）の結果をまとめたものである。この表で「国益重視」とは、「個人の利益は国益のために犠牲にしうる」という意見に対して肯定的に答えた人の比率を表している。数字から明らかなように、日本の数値は16・9％で、他のアジア諸国と比べて極端に低い。これは国内的には国家主義よりも自由主義を、対外的には自国主義よりも国際主義を重視する人が多いと解釈することが可能である。

同じ表で「議会と選挙を廃止し、強い指導者に物事を決定させるべきだ」という意見や「自国がどんなに不完全で間違ったことをしたことがあっても、市民は常に自国のみに忠誠であるべきだ」という意見に肯定的に答えた人の比率が非常に低いことも、日本では「自由主義的国際主義」の選好が強いことを裏付けている。

しかし、このことは日本人が「自由主義的国際主義」を積極的に守ろうとする気概を示すものととらえることはできない。むしろ「自由主義的国際主義」の中での生活を、空気のように享受する受け身の姿勢を示すものであるように思われる。

「国家主義的自国主義」が現実的な脅威となっている現在、それに対する抑止力を高めるためには、日本人も負担や犠牲を求められるだろう。ところが様々な世論調査は、こうした負担や犠牲への認識が低いことを示している。

図6は内閣府による「社会意識に関する世論調査」と「自衛隊・防衛問題に関する世論調査」をまとめて示したものである。これによれば、「個人の利益よりも国民全体の利益を大切にすべき」かどうかという問いに対して、肯定的に答えた人の比率は、21世紀初頭以降は増加傾向に

表12　市民の自由主義的・国家主義的傾向

	国益重視	自国に忠誠	強い指導者が決定
台湾	46.6	72.4	15.3
韓国	47.3	25.3	20.2
シンガポール	60.8	66.0	22.7
フィリピン	65.6	54.7	32.7
中国	72.5	80.5	17.6
マレーシア	73.5	73.4	35.3
インドネシア	74.5	83.6	13.8
タイ	85.0	79.6	33.0
ベトナム	92.0	88.7	n.a.
日本	16.9	30.1	11.7

注：「国益重視」は「個人の利益は国益のために犠牲にしうる」という意見に肯定的に答えた人の割合；「自国に忠誠」は「自国がどんなに不完全で間違ったことをしたことがあっても、市民は常に自国のみに忠誠であるべきだ」という意見に肯定的に答えた人の割合；「強い指導者が決定」は「議会と選挙を廃止し、強い指導者に物事を決定させるべきだ」という意見に肯定的に答えた人の割合

出所：Asian Barometer, Hu Fu Center for East Asia Democratic Studies at National Taiwan University, Wave 4 (2014-16) より作成

図6　有事への対応

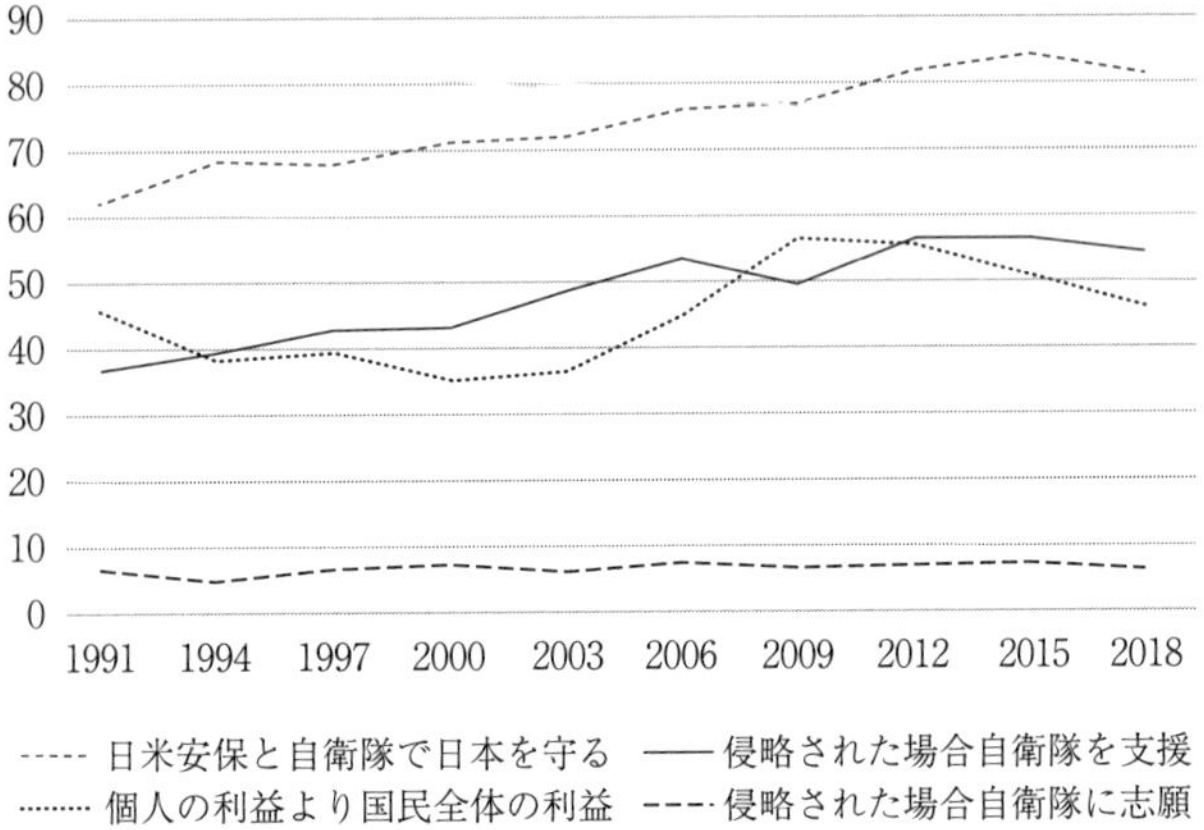

出所：内閣府「社会意識に関する世論調査」「自衛隊・防衛問題に関する世論調査」各年より作成

あり、50%前後になっている。この数値は、表12で示した国際世論調査の結果をずっと上回っている。この差が出たのは、国際世論調査では、「個人の利益」を「国益」のために「犠牲」にしうるかを問うているのに対して、内閣府の調査では「個人の利益」と「国民全体の利益」を比較し、どちらを「大切に」するかを聞いている点が異なっており、後者のほうが「個人の利益」を抑制するというニュアンスが弱いためだと考えられる。

それにしても、傾向として「国民全体の利益」を重視する人が増えたことは、21世紀になって右派ナショナリズムの主張が日本でも影響力を高めてきたことと符牒する現象である。

ただし、日本が外国から侵略された場合の対応を問われて、「何らかの方法で自衛隊を支援する」と答えた人は１９９０年代からほぼ一貫して増加しているが、「自衛隊に参加して戦う」を選んだ人は10％に満たない状態が続いていることに注意する必要がある。日本を守るための方法として、「現状どおり日米の安全保障体制と自衛隊」を選んだ人の比率も増加し、２０１０年代には80％を超えている（図６参照）。

これらの結果は、万が一日本が軍事的攻撃の対象となった場合でも、ほとんどの国民が米軍と自衛隊に防衛を任せたいと考えていることを示している。また「個人の利益」よりも「国民全体の利益」を優先させる人の比率は、中露の「国家主義的自国主義」の行動が顕著になりつつあったにもかかわらず、２０１２年以降は減少傾向にある。ナショナリズムの主張が顕著になってきたにもかかわらず、国民世論全体としては、「国民全体の利益」や「国益」のために命を賭して戦うほどの強いナショナリズムには結びついていない。

また日本の右派ナショナリズムの主張の中には、第二次世界大戦以前および戦時中の中国や東南アジアへの軍事進出を正当化する意見が見られるが、そうした主張は、外国の侵略を受けたり植民地であったりする経験を共有する新興国の共感を得ることは難しいだろう。むしろ自分も犠牲者だったとアピールする中国を利することになる。ここに、ナショナリスティックであろうとすればするほど「国益」を害することになりかねない日本ナショナリズムの矛盾がある。

他方、「個人の利益」を重視したり、国家による戦争を忌避したりする姿勢は、日本人の間になお「自由主義的国際主義」が強いことを示唆する一方で、「国家主義的自国主義」の攻勢に直面している状況下にあっては、それに対する抑止効果を薄める作用を果たしている。日本の「自由主義的国際主義」もまた、深刻な矛盾に直面していると言わなければならない。

何が必要か

新興国の経済発展は、日本が彼らとの経済関係の緊密化を通して発展することに寄与し、日本が「自由主義的国際主義」秩序の下で平和と繁栄を享受することに貢献してきた。しかし同時にそれは、「国家主義的自国主義」という鬼子を産みだした。日本が「自由主義的国際主義」に同調する先進国や新興国との協力関係を深めることで、「国家主義的自国主義」を抑止するためには、経済・社会政策や国民の認識を変えていくことや、その方向について、新しい国内的合意を形成することが必須なのである。

あとがき

本書を執筆する契機になったのは、政策研究大学院大学を中心として２０１３年度から２０１７年度まで実施された科学研究費補助金（新学術領域研究）による大規模な研究「新興国の政治と経済発展の相互作用パターンの解明」（課題番号25101001～25101006）である。90名前後の研究者が参加した同プロジェクトの成果は、２０１９年に4冊の英文図書（Springer open access book）として出版されているが、日本語での出版はなされていない。本書は、筆者が上記プロジェクトでの自分の研究結果を踏まえつつ、大幅な改編や増補を行う形で執筆された。したがって、本書の内容についての責任は筆者一人のものである。

本書を準備する上では、上記プロジェクトの参加者から多くのことを学んだ。特に中心メンバーとしてプロジェクトを支えた園部哲史、白石隆、大塚啓二郎、杉原薫、戸堂康之、鬼丸武志、高木佑輔の各氏、そして、全体プロジェクトの中で筆者が組織したポリティカル・エコノミー研究班の10人のメンバーに、感謝したい。また研究班のロジを支えた昇亜美子、前田美織、笛田千容の3氏にも謝意を表したい。

筆者は、地域的にはラテンアメリカの研究からスタートして、日本を含む東アジアへと研究の対象を広げてきた。その他の地域については、専門的に研究したことはない。しかし、様々な学会・研究会の場で、あるいは書籍や論文を通して、多くの研究者から多くのことを学んできた。その一人一人に言及することはできないが、かれらからの学びがなかったなら本書の執筆をなし得なかったことは、ここに記しておきたい。ただし、本書の内容についての責任は筆者のみが負うことは、右に書いたとおりである。

本書の出版にあたっては、白石隆氏の助力を得た。白石氏は、大学院生時代から政策研究大学院大学勤務の時期まで、アジアについての深い知識と洞察によって筆者を啓発してくれる存在であった。また中公新書編集部の田中正敏氏と工藤尚彦氏は、本書の原稿に目を通し、適切なアドバイスをしてくれた。深く感謝する。

最後に、長い学究生活を支えてくれた妻章子に感謝したい。

恒川惠市

2022年12月

Copenhagen: NIAS Press, pp.45-71.
Tsunekawa, Keiichi (2021) "Globalism, Nationalism, and Regional Order in Asia: A Japanese Perspective" in Yun-han Chu and Y. Zheng, eds, *The Decline of the Western-Centric World and the Emerging New Global Order: Contending Views*, London and New York: Routledge, pp.259-283.

学』東京大学出版会
長尾賢（2018）「軍事化するインドと中国のパワーゲーム―日本にとっての意味」笹川平和財団国際情報ネットワーク分析［7月10日］（https://www.spf.org/iina/articles/nagao-india-powergame.html、2022年1月16日ダウンロード）
ハルパー、ステファン、園田茂人・加茂具樹訳（2011）『北京コンセンサス―中国流が世界を動かす?』岩波書店
廣瀬陽子（2018）『ロシアと中国―反米の戦略』ちくま新書
廣瀬陽子（2021）『ハイブリッド戦争―ロシアの新しい国家戦略』講談社現代新書
防衛省（2015-2021）『防衛白書』各年版
松本はる香編著（2020）『〈米中新冷戦〉と中国外交』白水社
Cohen, Stephen Philip（2001）*India: Emerging Power,* Washington, D.C.: The Brookings Institution.
Foot, Rosemary, ed.（2013）*China across the Divide: The Domestic and Global in Politics and Society*, New York: Oxford University Press.
Global Firepower.com. "Global Firepower 2021."（https://www.globalfirepower.com, downloaded on January 9, 2022）.

終章

江藤名保子（2019）「日中関係の再考―競合を前提とした協調戦略の展開」『フィナンシャル・レビュー』138号［8月］（https://www.mof.go.jp/pri/publication/financial_review/fr_list7/r138/r138_07.pdf、2022年1月18日ダウンロード）
PHP「日本のグランド・ストラテジー」研究会編（2012）『日本の大戦略―歴史的パワーシフトをどう乗り切るか』PHP研究所
Inglehart, Ronald et al., eds.（2014）"World Values Survey: All Rounds-Country-Pooled Datafile"（http://www.worldvaluessurvey.org/WVSDocumentationWVL.jsp, downloaded on July 5, 2019）.
Tsunekawa, Keiichi（2021）"Dependent Nationalism and Fragile Populism: Another Japanese Anomaly?" in Khoo Boo Teik and J. Suryomenggolo, eds., *States and Societies in Motion: Essays in Honour of Takashi Shiraishi,*

china-sri-lanka-port.html, downloaded on January 13, 2022).
Freymann, Eyck (2021) *One Belt One Road: Chinese Power Meets the World,* Cambridge and London: Harvard University Asia Center.
Hajnal, Peter (2019) *The G20: Evolution, Interrelationships, Documentation,* 2nd edition, London and New York: Routledge.
Kirton, John J. (2013) *G20 Governance for a Globalized World,* London and New York: Routledge.
Larionova, Marina and J. J. Kirton, eds. (2018) *BRICS and Global Governance,* London and New York: Routledge.

第7章

橋本誠浩（2020）「現代中国における社区居民委員会の従属性と非従属性」『アジア経済』66巻3号、20-36頁
鈴木隆（2013）「中華人民共和国における『選挙民主主義』の現状」『愛知県立大学外国語学部紀要』45号、227-244頁
外務省（1979）『わが外交の近況1979年版』米中国交正常化関連文書
川島真・池内恵編（2021）『新興国から見るアフターコロナの時代』東京大学出版会
川島真・遠藤貢・高原明生・松田康博編（2020）『中国の外交戦略と世界秩序—理念・政策・現地の視線』昭和堂
川島真・森聡編（2020）『アフターコロナ時代の米中関係と世界秩序』東京大学出版会
佐藤寛（2021）「最悪の人道危機・イエメン（後編）」『中東協力センターニュース』5月号、1-14頁（https://www.jccme.or.jp/11/pdf/2021-05/josei01.pdf、2022年1月11日ダウンロード）
佐橋亮（2021）『米中対立—アメリカの戦略転換と分断される世界』中公新書
白石隆・ハウカロライン（2012）『中国は東アジアをどう変えるか—21世紀の新地域システム』中公新書
田中明彦（2020）『ポストモダンの「近代」—米中「新冷戦」を読み解く』中央公論新社
東大社研現代中国研究拠点編（2020）『コロナ以後の東アジア—変動の力

第5章

ツェベリス、ジョージ、眞柄秀子・井戸正伸監訳（2009）『拒否権プレイヤー：政治制度はいかに作動するか』早稲田大学出版部

恒川惠市（2007）「民主主義体制の長期的持続の条件―民主化の紛争理論に向けて」恒川惠市編『民主主義体制の諸形態および当該体制の長期的持続における価値規範の役割』科学研究費補助金報告書

大西裕（2005）『韓国経済の政治分析―大統領の政策選択』有斐閣

Diamond, Larry（1992）"Economic Development and Democracy Reconsidered" in Gary Marks and Larry Diamond, eds., *Reexamining Democracy: Essays in Honor of Seymour Martin Lipset*, Newbury Park, California: Sage Publications, pp.93-139.

Evans, Peter and James E. Rauch（1999）"Bureaucracy and Growth: A Cross-National Analysis of the Effects of 'Weberian' State Structures on Economic Growth," *American Sociological Review,* Vol.64, No.5, pp.748-765.

MacIntyre, Andrew（2003）*The Power of Institutions: Political Architecture and Governance,* Ithaca and London: Cornell University Press.

Przeworski, Adam et al.（2000）*Democracy and Development: Political Institutions and Well-Being in the World, 1950-1990,* Cambridge: Cambridge University Press.

第6章

岩下明裕（2005）「中・ロ国境問題の最終決着に関する覚え書」『ユーラシア国境政治―ロシア・中国・中央アジア』北海道大学スラブ・ユーラシア研究センター21世紀ＣＯＥプログラム研究報告書8号、73-81頁

岩下明裕（2005）「中・ロ国境問題はいかにして解決されたのか?」『法政研究』71巻4号、229-246頁

世界銀行（2020）『年次報告書2020―前例のない時代における途上国支援』

趙宏偉（2019）『中国外交論』明石書店

Abi-Habib, Maria, "How China Got Sri Lanka to Cough Up a Port," *New York Times*, June 25, 2018（https://www.nytimes.com/2018/06/25/world/asia/

参考文献

峯陽一（1996）『南アフリカ―「虹の国」への歩み』岩波新書

村上勇介編（2018）『「ポピュリズム」の政治学―深まる政治社会の亀裂と権威主義化』国際書院

山内昌之（2012）『帝国とナショナリズム』岩波現代文庫

Adetiba, Toyin（2017）“South Africa's Military and Peacekeeping Efforts: A New Paradigm Shift in Its Foreign Policy since 1994,” *Journal of Economics and Behavioral Studies*, Vol.9, No.5, pp.157-168.

Collier, Ruth Berins and David Collier（2002）*Shaping the Political Arena: Critical Junctures, the Labor Movement, and Regime Dynamics in Latin America,* 2nd edition, Notre Dame, Indiana: University of Notre Dame Press.

Conniff, Michael L., ed.（1982）*Latin American Populism in Comparative Perspective,* Albuquerque: University of New Mexico Press.

Conniff, Michael L., ed.（2012）*Populism in Latin America,* 2nd edition, Tuscaloosa: The University of Alabama Press.

Kaplan, Stephen B.（2013）*Globalization and Austerity Politics in Latin America,* Cambridge: Cambridge University Press.

Kundu, Apurba（1998）*Militarism in India: The Army and Civil Society in Consensus,* New York: Tauris Academic Studies.

O'Donnell, Guillermo（1973）*Modernization and Bureaucratic-Authoritarianism: Studies in South American Politics,* Berkeley: Institute of International Studies.

Reid, Michael（2014）*Brazil: The Troubled Rise of a Global Power,* New Haven and London: Yale University Press.

Rodan, Garry, K. Hewison and R. Robinson, eds.（2006）*The Political Economy of South-East Asia: Markets, Power and Contestation,* 3rd edition, South Melbourne, Australia: Oxford University Press.

Rosen, Stephen Peter（1996）*Societies and Military Power: India and Its Armies.* New York: Cornell University Press.

Sisk, Timothy（1995）*Democratization in South Africa: The Elusive Social Contract,* Princeton: Princeton University Press.

Hybrid Regimes after the Cold War, Cambridge: Cambridge University Press.
Lipset, Seymour M.（1959）“Some Social Requisites of Democracy: Economic Development and Political Legitimacy,” *American Political Science Review,* Vol.53, No.1, pp.69-105.
O'Donnell, Guillermo（1994）“Delegative Democracy,” *Journal of Democracy,* Vol.5, No.1, pp.55-69.
Schedler, Andreas（2013）*The Politics of Uncertainty: Sustaining and Subverting Electoral Authoritarianism,* Oxford: Oxford University Press.
Xi Jinping, “Secure a Decisive Victory in Building a Moderately Prosperous Society in All Respects and Strive for the Great Success of Socialism with Chinese Characteristics for a New Era,” delivered at the 19th National Congress of the Communist Party of China, October 18, 2017（https://www.mfa.gov.cn/ce/ceil/eng/zt/19thCPCNationalCongress/W020171120127269060039.pdf, downloaded on January 5, 2022）.

第４章

アジア経済研究所編『アジア動向年報』アジア経済研究所、各年版
近藤則夫（2015）『現代インド政治―多様性の中の民主主義』名古屋大学出版会
酒井啓子編（2016）『途上国における軍・政治権力・市民社会』晃洋書房
末近浩太（2018）『イスラーム主義―もう一つの近代を構想する』岩波新書
末近浩太（2020）『中東政治入門』ちくま新書
鈴木恵美（2013）『エジプト革命―軍とムスリム同胞団、そして若者たち』中公新書
堀内隆行（2021）『ネルソン・マンデラ―分断を超える現実主義者』岩波新書
堀坂浩太郎（2012）『ブラジル―跳躍の軌跡』岩波新書
堀坂浩太郎・子安昭子・竹下幸治郎（2019）『現代ブラジル論』上智大学出版
堀本武功・村山真弓・三輪博樹編（2021）『これからのインド―変貌する現代世界とモディ政権』東京大学出版会

en América Latina y el Caribe, Banco Interamericano de Desarrollo.

Schneider, Ben Ross, ed. (2016) *New Order and Progress: Development and Democracy in Brazil*, New York: Oxford University Press.

Ramesh, M. (2003) "Globalization and Social Security Expansion in East Asia" in Linda Weiss, ed., *States in the Global Economy: Bringing Domestic Institutions Back In*, Cambridge: Cambridge University Press, pp.83-98.

Stampini, Marco and Leopoldo Tornarolli (2012) "The Growth of Conditional Cash Transfers in Latin America and the Caribbean: Did They Go Too Far?" Social Sector, Social Protection and Health Division (Inter-American Development Bank) Policy Brief, No.185.

第3章

伊藤亜聖 (2020)『デジタル化する新興国』中公新書

ダール、ロバート、高畠通敏・前田脩訳 (1981)『ポリアーキー』三一書房

日本比較政治学会編 (2020)『民主主義の脆弱性と権威主義の強靭性』ミネルヴァ書房

フランツ、エリカ、上谷直克他訳 (2021)『権威主義—独裁政治の歴史と変貌』白水社

リンス、フアン/A・ステパン、荒井祐介他訳 (2005)『民主化の理論—民主主義への移行と定着の課題』一藝社

Brownlee, Jason (2007) *Authoritarianism in an Age of Democratization,* Cambridge: Cambridge University Press.

Diamond, Larry (2002) "Elections Without Democracy: Thinking About Hybrid Regimes," *Journal of Democracy,* Vo.13, No.2, pp.21-35.

Huntington, Samuel P. (1991) *The Third Wave: Democratization in the Late Twentieth Century,* Norman: University of Oklahoma Press.

Kurlantzick, Joshua (2013) *Democracy in Retreat: The Revolt of the Middle Class and the Worldwide Decline of Representative Government*, New Haven & London: Yale University Press.

Linz, Juan (2000) *Totalitarian and Authoritarian Regimes,* Lynne Rienner.

Levitsky, Steven and Lucan A. Way (2010) *Competitive Authoritarianism:*

清水学編（1992）『アラブ社会主義の危機と変容』アジア経済研究所
末廣昭編（2010）『東アジア福祉システムの展望』ミネルヴァ書房
土屋一樹（2019/20）「エジプトの社会保障改革」『中東レビュー』7号、80-97頁
馬場香織（2018）『ラテンアメリカの年金政治—制度変容の多国間比較研究』晃洋書房
村上薫（2014）「トルコの連帯基金制度改革（分析リポート）」『アジ研ワールド・トレンド』220号、38-44頁
劉曉梅（2005）「中国における社会変動と社会保障制度改革」『公共研究』第2巻2号、5-19頁
Cotlear, Daniel et al.（2015）*Going Universal: How 24 Developing Countries Are Implementing Universal Health Coverage Reforms from the Bottom Up,* Washington, D.C.: World Bank.
Esping-Andersen, Gøsta（1990）*The Three Worlds of Welfare Capitalism,* Princeton: Princeton University Press.
Goñi, Edwin, J. Humberto López and Luis Servén（2011）"Fiscal Redistribution and Income Inequality in Latin America," *World Development,* Vol.39, No.9, pp.1558-1569.
Haggard, Stephen and Robert Kaufman（2008）*Development, Democracy, and Welfare States: Latin America, East Asia, and Eastern Europe,* Princeton: Princeton University Press.
Holliday, Ian（2000）"Productivist Welfare Capitalism: Social Policy in East Asia," *Political Studies,* Vol.48, No.4, pp.706-723.
Kim, Mason M. S.（2016）*Comparative Welfare Capitalism in East Asia: Productivist Models of Social Policy,* New York: Palgrave Macmillan.
Kritzer, Barbara E., S. J. Kay and T. Sinha（2011）"Next Generation of Individual Account Pension Reforms in Latin America," *Social Security Bulletin,* Vol.71, No.1, pp.35-76.
Kwon, Huck-ju（2002）"Welfare Reform and Future Challenges in the Republic of Korea: Beyond the Developmental Welfare State?" *International Social Security Review,* Vol.55, No.4, pp.23-38.
Montoya, Alvaro Altamirano et al.（2018）*Presente y Futuro de las Pensiones*

Business, Labor, and the Challenges of Equitable Development, New York: Cambridge University Press.

Shimizu, Tatsuya（2022）*The Growth of the Fruit and Vegetable Export Industry in Peru,* Springer.

Slater, Dan（2010）*Ordering Power: Contentious Politics and Authoritarian Leviathans in Southeast Asia,* Cambridge: Cambridge University Press.

Tsunekawa, Keiichi and Yasuyuki Todo, eds.（2019）*Emerging States at Crossroads,* Singapore: Springer Nature.

Wade, Robert（1990）*Governing the Market: Economic Theory and the Role of Government in East Asian Industrialization,* Princeton: Princeton University Press.

Wallerstein, Immanuel（1979）*The Capitalist World-Economy,* Cambridge: Cambridge University Press.

Yeung, Henry Wai-chung（2016）*Strategic Coupling: East Asian Industrial Transformation in the New Global Economy,* Ithaca and London: Cornell University Press.

Yusuf, Shahid（2004）"Competitiveness through Technological Advances under Global Production Networking" in S. Yusuf, M. A. Altaf, and K. Nabeshima, eds., *Global Production Networking and Technological Change in East Asia*, Washington, D.C.: World Bank, pp.1-34.

Yusuf, Shahid and Kaoru Nabeshima（2009）*Tiger Economies under Threat: A Comparative Analysis of Malaysia's Industrial Prospects and Policy Options,* Washington D.C.: World Bank.

第２章

柯隆他（2019）『中国社会保障制度研究報告書』静岡県立大学グローバル地域センター・中国社会保障制度研究会

厚生労働省（2011～2019）『海外情勢報告』各年版

国立社会保障・人口問題研究所『海外社会保障研究』126 号（1999)、144 号（2003)、150 号（2005)、191 号（2015)、193 号（2016)

北野浩一（2020）「チリの『社会危機』勃発と所得分配問題—年金制度改革の議論を中心に」『ラテンアメリカ・レポート』36 巻２号、16-31 頁

Industrialization in Latin America and East Asia, Princeton: Princeton University Press.
Gill, Indermit and Homi Kharas（2007）*An East Asian Renaissance: Ideas for Economic Growth.* Washington, D.C.: World Bank.
Gill, Indermit and Homi Kharas（2015）"The Middle-income Trap Turns Ten," World Bank Policy Research Working Paper, No.7403.
Khoo Boo Teik, K. Tsunekawa, and M. Kawano, eds.（2017）*South East Asia Beyond Crises and Traps: Economic Growth and Upgrading,* London: Palgrave Macmillan.
Kohli, Harinder, A. Sharma, and A. Sood, eds.（2011）*Asia 2050: Realizing the Asian Century*. Los Angeles, London, New Delhi, Singapore, and Washington, D.C.: Sage Publications.
Patarapong, Intarakumnerd（2018）*Mismanaging Innovation Systems: Thailand and the Middle-income Trap*. Routledge.
Pempel, T. J. and K. Tsunekawa, eds.（2015）*Two Crises, Different Outcomes: East Asia and Global Finance*. Ithaca: Cornell University Press.
Prebisch, Raul（1959）"International Trade and Payments in an Era of Coexistence: Commercial Policy in the Underdeveloped Countries," *American Economic Review,* Vol.49, No.2, pp.251-273.
Prebisch, Raul（1962）"The Economic Development of Latin America and Its Principal Problems," *Economic Bulletin for Latin America*, No.7, pp.1-22.
Rasiah, Rajah（2006）"Explaining Malaysia's Export Expansion in Palm Oil and Related Products" in Vandana Chandra, ed., *Technology, Adaptation, and Exports: How Some Developing Countries Got It Right*, Washington, D.C.: World Bank, pp.163-192.
Samuels, Richard（1987）*The Business of the Japanese State: Energy Markets in Comparative and Historical Perspective,* Ithaca and London: Cornell University Press.
Sato, Yukihito and H. Sato, eds.（2016）*Varieties and Alternatives of Catching-up: Asian Development in the Context of the 21st Century,* Palgrave Macmillan.
Schneider, Ben Ross（2013）*Hierarchical Capitalism in Latin America:*

参考文献

世界銀行、白鳥正喜監訳（1994）『東アジアの奇跡―経済成長と政府の役割』東洋経済新報社

ロストウ、W. W.、木村健康他訳（1961）『経済成長の諸段階』ダイヤモンド社

Amsden, Alice（1989）*Asia's Next Giant: South Korea and Late Industrialization,* New York: Oxford University Press.

Beason, Richard and D. E. Weinstein（1993）"Growth, Economies of Scale, and Targeting in Japan（1955-1990）," Discussion Paper, No. 1644, Harvard Institute of Economic Research.

Coe, Neil M. and Henry Wai-chung Yeung（2015）*Global Production Networks: Theorizing Economic Development in an Interconnected World,* Oxford: Oxford University Press.

Doner, Richard（2009）*The Politics of Uneven Development: Thailand's Economic Growth in Comparative Perspective,* Cambridge: Cambridge University Press.

Doner, Richard and Ben Ross Schneider（2016）"The Middle-income Trap: More Politics than Economics," *World Politics,* Vol.68, No.4, pp.608-644.

Doner, Richard, Bryan K. Ritchie, and Dan Slater（2005）"Systemic Vulnerability and the Origins of Developmental States: Northeast and Southeast Asia in Comparative Perspective," *International Organization,* Vol.59, No.2, pp.327-361.

Evans, Peter（1995）*Embedded Autonomy: States and Industrial Transformation,* Princeton: Princeton University Press.

Felipe, Jesus, Arnelyn Abdon, and Utsav Kumar（2012）"Tracking the Middle-income Trap: What Is It, Who Is in It, and Why?" Levy Economics Institute of Bard College Working Paper, No.715.

Frank, Andre Gunder（1967）*Capitalism and Underdevelopment in Latin America: Historical Studies of Chile and Brazil,* New York: Monthly Review Press.

Friedman, David（1988）*The Misunderstood Miracle: Industrial Development and Political Change in Japan,* Ithaca and London: Cornell University Press.

Gary, Gereffi and D. Wyman, eds.（1990）*Manufacturing Miracles: Paths of*

参考文献

本書の執筆にあたって参考にした文献・ウェブページのうち、主要なものを掲載する。複数の章で参考にしたものは、初出の章でのみ言及する。

序章

Awasthi, Divyansh, "What determines whether a country is classified as emerging or developed?" (https://frontera.net/news/what-determines-whether-a-country-is-classified-as-emerging-or-developed/, downloaded on July 21, 2018).

Maddison, Angus (1995) *Monitoring the World Economy 1820-1992,* Paris: OECD.

OECD (1979) *The Impact of the Newly Industrializing Countries on Production and Trade in Manufactures: Report by the Secretary General,* Paris: OECD.

O'Neill, Jim (2001) "Building Better Global Economic BRICs," Global Economics Paper, No. 66, Goldman Sachs & Co.

Tsunekawa, Keiichi (2019) "Globalization and the Emerging State: Past Advance and Future Challenges," in T. Shiraishi & T. Sonobe, eds., *Emerging States and Economies: Their Origins, Drivers, and Challenges Ahead*, Singapore: Springer Nature.

第１章

安倍誠・佐藤幸人・永野護（1999）『経済危機と韓国・台湾』アジア経済研究所

小宮隆太郎編（1984）『日本の産業政策』東京大学出版会

佐藤幸人（2007）『台湾ハイテク産業の生成と発展』岩波書店

ジョンソン、チャーマーズ、矢野俊比古監訳（1982）『通産省と日本の奇跡』TBSブリタニカ

末廣昭（2000）『キャッチアップ型工業化論―アジア経済の軌跡と展望』名古屋大学出版会

末廣昭（2014）『新興アジア経済論―キャッチアップを超えて』岩波書店

付表1　ＧＤＰおよび一人当たりＧＤＰによる新興国の特定と分類

	GDP増加率 1990-2015（%）	GDPの米国GDPに対する比率 2015（%）	一人当たりGDP 2015（USドル）
高所得国			
シンガポール	335	1.8	55,647
韓国	265	8.0	28,732
台湾	219	3.1	22,408
サウジアラビア	131	4.1	20,628
アルゼンチン	124	2.7	13,789
チリ	236	1.6	13,574
ポーランド	145	3.3	12,578
上位中所得国			
トルコ	198	6.5	11,006
カザフスタン	93	1.1	10,511
マレーシア	304	2.0	9,955
メキシコ	87	7.3	9,617
ロシア	17	9.9	9,313
ブラジル	96	14.0	8,814
中国	977	53.3	8,016
南アフリカ	88	2.5	6,260
ペルー	219	1.1	6,229
コロンビア	144	2.2	6,176
タイ	179	2.4	5,840
イラン	104	2.9	4,904
イラク	164	1.1	4,688
アルジェリア	106	1.1	4,178
下位中所得国			
エジプト	186	1.5	3,563
インドネシア	219	5.9	3,332
フィリピン	185	1.7	3,001
ナイジェリア	222	2.8	2,687
ベトナム	424	0.9	2,085
インド	352	13.7	1,606
パキスタン	172	1.3	1,357
バングラデシュ	269	0.9	1,248

注：GDP増加率と対米国GDP比は2010年価に基づいて計算、一人当たりGDPは時価
出所：世界銀行世界開発指標より作成

付表２　公的社会保護支出と家計充足率（2015 年）

	一人当たりGDP（1,000 ドル）	GDPに占める公的社会保護支出の比率（%）	家計充足率
ポーランド	12.6	19.4	66.9
ブラジル	8.8	18.3	44.8
ロシア	9.3	15.6	25.5
チリ	13.6	15.3	15.3
コロンビア	6.2	14.1	28.3
トルコ 2014	10.5	13.5	38.0
メキシコ	9.6	12.0	28.5
エジプト	3.6	11.2	n.a.
韓国	28.7	10.1	n.a.
南アフリカ	6.3	10.1	34.4
中国 2013	7.1	8.4	36.8
ベトナム	2.1	6.3	22.5
ペルー	6.2	5.5	18.8
カザフスタン	10.5	5.4	37.7
タイ 2013	5.7	4.3	16.8
シンガポール	55.6	4.2	n.a.
インド 2014	1.5	2.7	n.a.
フィリピン	3.0	2.2	7.7
バングラデシュ 2014	1.2	1.7	6.1
インドネシア	3.3	1.1	15.9
ナイジェリア 2013	2.6	0.7	18.3
パキスタン 2014	1.3	0.2	21.5
アルゼンチン	13.8	n.a.	38.6 (2014)
マレーシア	10.0	n.a.	5.7
米国	56.9	19.0	n.a.
オーストラリア	56.7	18.8	n.a.
スウェーデン	51.5	26.7	n.a.
英国	45.4	21.5	n.a.
ドイツ	41.1	25.0	n.a.
フランス	36.6	31.7	n.a.
日本 2013	34.2	23.1	n.a.

注：「公的社会保護支出」は、医療、老齢など９分野をカバー。ナイジェリア、フィリピン、パキスタンは中央政府のみ。「家計充足率」は家計所得ないし家計支出に占める社会保険などによる移転総額の比率

出所：公的社会保護支出は、ILO, World Social Protection Report 2017-19（2020），家計充足率は世界銀行世界開発指標より作成

恒川恵市（つねかわ・けいいち）

1948年千葉県生まれ．東京大学教養学部教養学科卒業，同大学院社会学研究科，米国コーネル大学大学院修了．Ph.D.（政治学）．東京大学および政策研究大学院大学名誉教授．専門は比較政治学，国際関係論，ポリティカル・エコノミー．

著書『企業と国家』（東京大学出版会，1996年）
『比較政治―中南米』（放送大学教育振興会，2008年）
『大震災・原発危機下の国際関係』（編著，東洋経済新報社，2015年）
Two Crises, Different Outcomes: East Asia and Global Finance.（T. J. Pempelと共編，コーネル大学出版会，2015年）

新興国《しんこうこく》は世界《せかい》を変《か》えるか
中公新書 *2734*

2023年1月25日発行

著　者　恒川恵市
発行者　安部順一

本文印刷　暁　印　刷
カバー印刷　大熊整美堂
製　　本　小泉製本

発行所　中央公論新社
〒100-8152
東京都千代田区大手町1-7-1
電話　販売　03-5299-1730
　　　編集　03-5299-1830
URL https://www.chuko.co.jp/

Published by CHUOKORON-SHINSHA, INC.
Printed in Japan　ISBN978-4-12-102734-4 C1231

中公新書刊行のことば

いまからちょうど五世紀まえ、グーテンベルクが近代印刷術を発明したとき、書物の大量生産は潜在的可能性を獲得し、いまからちょうど一世紀まえ、世界のおもな文明国で義務教育制度が採用されたとき、書物の大量需要の潜在性が形成された。この二つの潜在性がはげしく現実化したのが現代である。

いまや、書物によって視野を拡大し、変りゆく世界に豊かに対応しようとする強い要求を私たちは抑えることができない。この要求にこたえる義務を、今日の書物は背負っている。だが、その義務は、たんに専門的知識の通俗化をはかることによって果たされるものでもなく、通俗的好奇心にうったえて、いたずらに発行部数の巨大さを誇ることによって果たされるものでもない。現代を真摯に生きようとする読者に、真に知るに価いする知識だけを選びだして提供すること、これが中公新書の最大の目標である。

私たちは、知識として錯覚しているものによってしばしば動かされ、裏切られる。私たちは、作為によってあたえられた知識のうえに生きることがあまりに多く、ゆるぎない事実を通して思索することがあまりにすくない。中公新書が、その一貫した特色として自らに課すものは、この事実のみの持つ無条件の説得力を発揮させることである。現代にあらたな意味を投げかけるべく待機している過去の歴史的事実もまた、中公新書によって数多く発掘されるであろう。

中公新書は、現代を自らの眼で見つめようとする、逞しい知的な読者の活力となることを欲している。

一九六二年一一月

政治・法律

h 1

125 法と社会 碧海純一
819 アメリカン・ロイヤーの誕生 阿川尚之
2347 代議制民主主義 待鳥聡史
2469 議院内閣制—変貌する英国モデル 高安健将
2631 現代民主主義 山本圭
1905 日本の統治構造 飯尾潤
2691 日本の国会議員 濱本真輔
2537 日本の地方政府 曽我謙悟
2558 日本の地方議会 辻陽
1687 日本の選挙 加藤秀治郎
2283 日本政治とメディア 逢坂巌
1845 首相支配—日本政治の変貌 竹中治堅
2651 政界再編 山本健太郎
2428 自民党—「一強」の実像 中北浩爾
2695 日本共産党 中北浩爾
2233 民主党政権 失敗の検証 日本再建イニシアティブ
2101 国会議員の仕事 林芳正 津村啓介
2191 大阪—大都市は国家を超えるか 砂原庸介
2418 沖縄問題—リアリズムの視点から 高良倉吉編著
2439 入門 公共政策学 秋吉貴雄
2620 コロナ危機の政治 竹中治堅